穿越百事通

唐朝

不可不知的历史细节

张嵚◎主编
王玉◎著

古吴轩出版社

图书在版编目（CIP）数据

唐朝不可不知的历史细节 / 王玉著. — 苏州：古吴轩出版社，2012.7
（穿越百事通 / 张嵚主编）
ISBN 978-7-80733-821-5

Ⅰ. ①唐… Ⅱ. ①王… Ⅲ. ①中国历史—唐代—通俗读物 Ⅳ. K242.09

中国版本图书馆CIP数据核字（2012）第135794号

策　　划：李宁军
责任编辑：张　颖
装帧设计：唐　朝
责任校对：张　蕾
责任照排：殷文秋

书　　名：穿越百事通　唐朝不可不知的历史细节
主　　编：张　嵚
著　　者：王　玉
出版发行：古吴轩出版社
地址：苏州市十梓街458号　邮编：215006
Http://www.guwuxuancbs.com　E-mail:gwxcbs@126.com
电话：0512-65233679　传真：0512-65220750
印　　刷：苏州日报印刷中心
开　　本：710×1000　1/16
印　　张：13.5
版　　次：2012年7月第1版　第1次印刷
书　　号：ISBN 978-7-80733-821-5
定　　价：29.80元

如有印装质量问题，请与印刷厂联系。0512-65640827

目 录

【引 言】

自从穿越小说大行其道以来，经常会被问到这样一个问题："如果能够自由选择，您最想穿越到哪个朝代？"相信不少"童鞋"们都曾经为这个问题设想过无数种答案吧。如果您问我，那当然是去唐朝了。别的不说，只说唐朝女子们的社会地位，绝对能在封建社会历朝历代中名列前茅，让小女子我心驰神往之。

【壹·生部】

来到陌生环境，生存乃是第一要务。这一部分既然是本卷的起始部分，自然要先告诉大家如何适应唐朝，如何在这个朝代保住命、立住脚，吃、穿、住、行、生、老、病、死等方方面面的细节或许性命交关。另外，繁衍后代使得人类种族、人类社会得以生存延续，因此婚姻作为必不可少的一个方面，也放在这一部分进行介绍。

【贰·存部】

解决了生存问题，如何发展完善自己，让自己能为社会所用，体现自己的社会价值，应该是很多人要开始考虑的事情了。当然，选择一个合适的职业也跟个人的生存息息相关，不然哪来的生活开支啊。这一部分着重向大家介绍几种唐朝的热门职业，并就个别职业延伸出整个行业在这个时期的发展状况和主要特点，还注明了每个职业的优势所在，以便初来乍到的您可以多方比较、慎重选择。

【叁·越部】

物质生活得到保障之后，咱们就该谈点精神层次的追求了。唐朝不但节假日名目繁多，与之对应的各种娱乐游艺更是多种多样，有的甚至成为经典，流传千年，保留至今。这一部分由唐朝的宗教、节假日说开去，从音乐、舞蹈、文学戏曲、百戏游艺等几个方面介绍这个时期的娱乐项目，那些耐不住寂寞、喜好玩乐的朋友们不用再苦着一张脸了，赶紧随着自己的心意去玩转唐朝吧。

引言

自从穿越小说大行其道以来，经常会被问到这样一个问题：“如果能够自由选择，您最想穿越到哪个朝代？”相信不少“童鞋”们都曾经为这个问题设想过无数种答案吧。如果您问我，那当然是去唐朝了。别的不说，只说唐朝女子们的社会地位，绝对能在封建社会历朝历代中名列前茅，让小女子我心驰神往之。

唐

穿越前必读

大唐：作为小女子最想穿的一个朝代

自从穿越小说大行其道以来，经常会被问到这样一个问题："如果能够自由选择，您最想穿越到哪个朝代？"相信不少"童鞋"们都曾经为这个问题设想过无数种答案吧，如果您问我，那当然是去唐朝了。别的不说，只说唐朝女子们的社会地位，绝对能在封建社会历朝历代中名列前茅，让小女子我心驰神往之。

有唐一代，出现了很多著名的女政治家、女将领、女才子、女艺术家，

甚至出现了中国历史上唯一的女皇帝武则天，这可是前无古人后无来者的一大"创举"。女人可以和男人一样广泛地参加各种社会活动，音乐舞蹈、游戏百艺、娱乐体育都不乏女子们的身影，没有女人会因为"抛头露面"而受到社会舆论的指责。同时，"女子无才便是德"也跟这一时期的女同胞

们不沾边，因为孩子们的启蒙教育基本上都是由妇女在家庭中完成的，恰恰说明当时妇女的文化水平较高。有意思的是，当时还出现了很多妒妇和悍妇，而丈夫们也并不以惧内为耻。如唐中宗就是有名的“妻管严”，唯皇后之命是从；当时的御史大夫裴谈也以惧内著称，“畏之如严君”……虽然“妒忌”位列“七出”之条，但从历史文献的记载来看，却很少有妻子因为妒忌而被休，可见当时社会风气对女人较为宽容，男女地位也较为平等。

当然，咱可不是女权主义者，也不能仅仅凭借这一条就贸然选择穿越唐朝了。放眼世界，唐朝是公认的中国最强盛的时代之一，自唐高祖李渊于公元618年建立唐朝以来，历经21位皇帝，共289年。在其鼎盛时期，一度建立了东至朝鲜半岛，西达中亚咸海以西的西亚一带，南及越南顺化一带，北包贝加尔湖至北冰洋以下一带的辽阔疆域，总面积达1251万平方公里。不管是政治、经济、军事、文化、科学技术、外交，唐朝都取得了辉煌的成就，是当时世界上当之无愧的最强大的国家。汉学家韦伯曾经说过：“作为中国版图和文化的真正奠基人，唐王朝彪炳千古。”明代文学家王夫之也说：“开元之盛，汉宋莫及。”“前有汉，后有宋，皆所不逮。”能够来到这么强大的帝国，即使只是作为一个平头小民，心里也是很有底气的吧。

北京大学历史系教授向达先生评价唐朝，道：“李唐一代之历史，上汲汉、魏、六朝之余波，下启两宋文明之新运。而其取精用宏，于继袭旧文物而外，并时采撷外来之菁英。两宋学术思想之所以能别焕新彩，不能不溯其源于此也。”由此可见，唐朝不但承上启下，还融贯中西。的确，外来文化对当时生活中方方面面的影响都很明显。这一时期，大批外国人涌入唐朝境内，带来了各自不同的生活习俗；随着对外贸易的发达和外来人口的增

多，大量外来物品也传入唐朝，大大丰富了人们的物质、精神生活。可以说在饮食、服饰、居住、医药、音乐舞蹈等各个社会生活领域，均有边疆民族及外来文化的影子。当然啦，这么多的外来人口长居唐朝，异族间的通婚也应该是非常普遍的现象了，如此说来，混血儿的比例理应很高，那岂不是代表帅哥美女也应该很多？哇塞，只这一项福利就可以让花痴们值回票价了，我左看右看、上看下看、前看后看，真是大饱眼福吖！

国力强盛、物产丰饶，人们吃饱穿暖后自然有闲情逸致安排自己的业余生活。先不说唐朝的节假日之多是前代无法比拟的，只说节日生活的内容之丰富就足够让大家眼馋的了。饮酒作乐、歌舞演出、游赏寻胜、聚会游艺……可以说只有想不到的，没有玩不起的，而且官方有官方的腔调作派，民间也有民间的自得其乐，谁也不去限制谁，谁也不去打扰谁；更有甚者，高雅文化与世俗文化在很多领域相互融合、相互影响，反倒更加促进了这一领域的长足发展。唐诗入乐就是一个很好的例子，文人的诗作被配以乐曲传唱于民间，而民间歌谣又为文人诗作提供了取之不尽的创作源泉，雅与俗相互渗透，彼此汲取营养，共同促进了文学与音乐的繁荣。

《簪花仕女图》 唐·周昉
画中描写几位衣着艳丽的贵族妇女春夏之交赏花游园的情景，向人们展示了这几位仕女在幽静而空旷的庭园中，以白鹤、蝴蝶取乐的闲适生活

基于以上种种，穿越回大唐应该是个很不错的选择吧。本卷分为四个部分，详细介绍了唐朝社会风俗的方方面面，有了这些基本知识打底，大家就算是完成了穿越前的初步培训，至于能不能把小日子过滋润，那就要靠大家自己的努力啦！

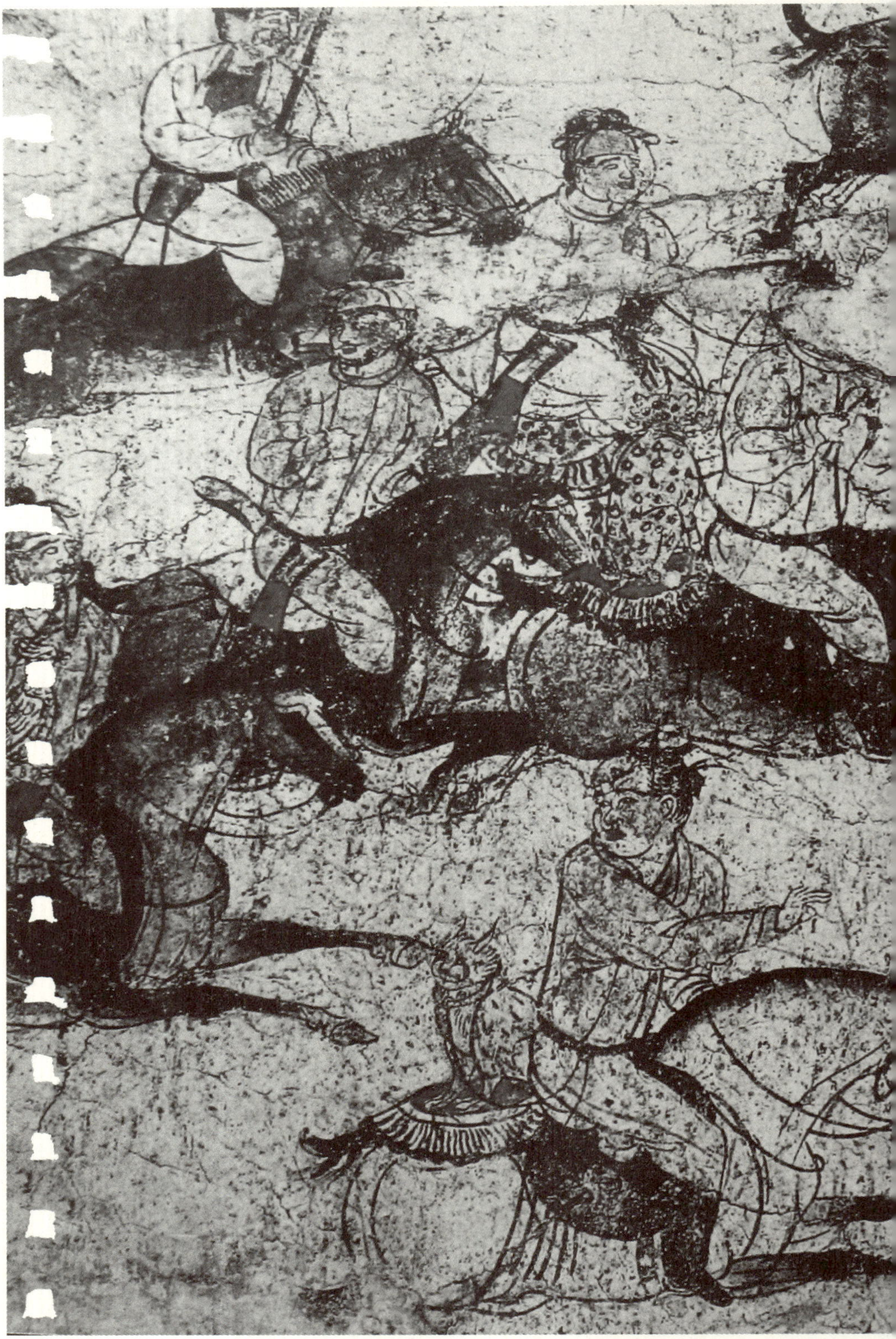

壹

生部

来到陌生环境，生存乃是第一要务。不论何朝何代，吃喝拉撒、衣食住行都是满足人类生存所需的基本要素，这些具体而细微的事项可能并不起眼，但是不可或缺，尤其是在文明时代，更是可以代表生产力的强弱高下。只有先生存，才能谈及生活，人们也才有心思去更好地经营生活，从而让生存变得不那么艰难。这一部分既然是本卷的起始部分，自然要先告诉大家如何适应唐朝，如何在这个朝代保住命、立住脚。另外，繁衍后代使得人类种族、人类社会得以生存延续，因此婚姻作为必不可少的一个方面，也放在这一部分进行介绍。

唐

【吃】

帅哥美女并非都是胖子

胖美人家里都很有钱——唐代的饮食结构

不管您是主动自愿地穿越而来，还是被动不小心就被“穿”了，首先恭喜您来到中国历史上最繁荣瑰丽的时代——唐朝。也许在睁开眼睛的一刹那您还有些许疑问，这番繁华景象、富足程度、开化风气貌似是唐朝不假，可怎么就是觉得哪里不对劲儿呢？呃……对了，是人！不是传说中唐朝人以胖为美，帅哥美女们都争着抢着哭着喊着要当胖子吗？可你看看这满街的男女老少，胖子固然有，可大多数还是拥有苗条的小腰身，这真的是唐朝吗？？是不是一不小心“穿”错了？可不可以给个机会回去重“穿”？您先别着急啊，您所在的位置确实是唐朝没错，只不过您受了一点点的误导，谁说咱们大唐的子民都是胖子来着，那更多的是对宫廷里的美眉们而言的，至于绝大多数的平头小老百姓，基本上还是属于正常体型，只是比较注重自然健康的体态，不去刻意节食罢了。这主要是因为咱们

的饮食结构，要想吃成个胖子还真不是件容易的事。得，正好说到吃了，您远道而来，生存乃是第一要务，先去看看有哪些可以果腹吧！

要说唐朝的饮食特点，一是地域差别较大，以长江流域为中心的南方，主食以稻米为主，副食以鱼虾类水产品为主；而以黄河流域为中心的北方，则以面食为主食，以肉酪类畜产品为主要副食品。当然，这只是就一般特点而言，其实南北饮食多有交汇，北方的饮食中也有稻米，像是苏州与常州向朝廷贡献的大小香粳、湖州贡献的糯米、婺州贡献的赤松涧米等等都受到朝廷的欢迎。同样，面食在南方也并不罕见，想当年鉴真和尚第二次东渡日本，从扬州出发前所准备的食物中，主食就有“干胡饼两车，干蒸饼一车，干薄饼一万”（真人元开著，汪向荣校注《唐大和上东征传》）等，这些面食总不可能是在北方采购了再送去南方的吧。第二个显著特点是各阶层的饮食差别巨大。唐朝真的是一个处处讲阶级的朝代，大到入仕封官，小到吃饭穿鞋，什么都要拿阶级来说事儿。在这样的整体风气下，富人跟穷人、官家跟百姓吃的喝的自然不能同日而语，人家有钱人吃的是珍馐佳馔，贫苦人家也就是吃个白水泡饭啦，更有甚者以糟糠、橡饭为食。第三个特点是，因为对外交流的发达，外来食物也给唐朝的饮食增添了新鲜血液，食用原料及食用方法都有所增加。

说了这么多，您又着急了吧，赶紧去看看具体有哪些好吃的！这一时期人们的主食主要是饼和饭。不过这个“饼”和现代人所说的饼可不是一回事，它不仅包括现代的饼，还包括馒头、面条、包子等食品。宋代人黄朝英曾对“饼”进行过考察，称“凡以面为食具者，皆谓之饼，故火烧而食者呼为烧饼，水瀹而食者呼为汤饼，笼蒸而食者呼为蒸饼，而馒头谓为笼饼宜矣”（《靖康缃素杂记》）。对宋代以前的饼进行了清晰的解释。

此时最常见的当数胡饼和蒸饼。胡饼，顾名思义，就是由西域传来的一种面点，其实早在汉代以后，胡饼就进入了中原地区，在唐代盛行于全国各地。因为有特制的烤炉，所以胡饼应该多为烤制，因而又有“炉饼”一说。唐人制作的胡饼，跟现在新疆流行的馕饼几乎没有区别。但是，据史料记载，胡饼也有蒸制的。唐朝著名的理财高手刘晏天不亮就去上朝，天寒地冻，在路上遇到卖“蒸胡”的，看到那热气腾腾的样子，刘晏忍无可忍，“使人买之，以袍袖包裙帽底啖之。且谓同列曰：美不可言。美不可言。”（唐兰《〈刘宾客嘉话录〉的校辑与辨伪》这里的“蒸胡”应该就是蒸制的胡饼了。看到这儿您又说了，不就是烧饼和蒸饼嘛，有什么好吃的？其实这胡饼里的花样可多了，除了素饼，还有油饼、肉饼、芝麻饼等众多种类，其中有一种叫“古楼子”的胡饼，在有钱人家可是非常时兴的。具体做法是将一斤羊肉馅用牛油拌好，一层层铺在巨大的胡饼中，层与层之间用椒豉相隔，然后放在炉中烧烤，等肉半熟时就拿出来吃，味浓而肉鲜。怎么样，流口水了吧？

蒸饼又称为“笼饼”，是一种由面粉发酵后蒸制的面食，类似于今天的馒头，但又包含了现在的包子类食物。当时卖蒸饼的不但有固定店铺，还有流动摊贩，可见其普及程度。武则天时期，有位叫张衡的官员，虽是胥吏出身，但已经累官至四品，也就是司局级或副部级干部，如果再升一级就官至三品，就是正部级了，那可就进入了唐朝的最高统治集团。可就是这位张大人，在一次退朝回来看到路边的蒸饼新鲜出炉，忍不住买了一枚充饥，刚好就被一位负责任的御史看到，立刻向上级打报告，弹劾张衡违反了官员行为准则，损害了朝廷高官在广大人民群众心目中的光辉形象，要求则天女皇对之进行严肃处理。结果张衡升官的事就这么告吹了。就因为一个馒头，跻身堂堂三品大员的机会就没了，这位张大人也真够悲催的。这诚然是一个唐朝初期等级森严的例证，但也可以从中看出蒸饼已经是一种上至朝廷大员，下至平民百姓都很喜欢的大众化食品了。

饼吃够了，咱们再去看看饭吧。凡是以谷物籽粒蒸炙

《夜宴图》 南宋·佚名
此卷描绘了唐代十八个文人雅士于花木葱郁的庭院中秉烛宴饮的场面

而成的在唐代都可以称之为“饭”，主要有稻米饭、粟饭、麦饭、雕胡饭等。当时富贵人家吃的饭与劳动人民吃的饭真可谓天壤之别。御厨曾经给唐敬宗做过“清风饭”，也叫“水晶饭”，因为做这种饭的大米晶莹剔透，才以“水晶”为名。而此时劳动人民吃的饭基本上可以用“粗饭”来形容，主要是指水饭、蔬饭、脱粟饭等。所谓“水饭”就是白水泡饭；“蔬饭”类似于今天南方流行的菜泡饭；而脱粟饭也是一种较为粗糙的饭，“脱粟，才脱谷而已，言不精凿也”（《史记·平津侯主父列传》司马贞索引）。也就是糙米。更有甚者，以粗粝的粟饭甚至糟糠为食。如果遇到灾年，劳动人民就只能以橡饭果腹了。著名诗人杜甫就曾经捡橡实为饭，诗曰：“有客有客字子美，白头乱发垂过耳。岁拾橡栗随狙公，天寒日暮山谷里。”（《乾元中寓居同谷县作歌七首》）

另外，唐朝的主食还有饆饠、馄饨等带馅的面食，䭔饪、䭔饼等油炸面食，以及馎饦、索饼、水引饼、冷淘等水煮面食，类似于今天的汤面。

看到这么多琳琅满目的吃食，您一定觉得不虚此行了吧？可是只有主食而没有副食的搭配，对于来自于21世纪、讲究营养均衡的您来说恐怕还是不够滴。没关系，副食马上呈上！唐朝人在副食中重肉而轻菜，肉食还是富有和权势的象征，不过不管是吃肉还是吃菜都特别讲究鲜嫩。

这时的肉食种类那可是相当丰富，鸡鸭鹅鸽、熊鹿狗兔、虾蟹鱼鳖……涵盖了地上跑的、水里游的、天上飞的陆海空三军，而做法也基本是以炙、煮、蒸为主。为了讲求肉质的新鲜，唐人还有一些特殊的做法。例如：唐初太子李建成游温泉，有“献生鱼者，太子召饔者鲙之”。这岂不就是今天的生鱼片？！当时鲙鱼的技术那可是相当高超，据说有个名叫南孝廉“善斫鲙”，经过他的手起刀落，“縠薄丝缕，轻可吹起，操刀响捷，若合节奏”（《酉阳杂俎·物草》）。可见刀工已到了出神入化的地步。杜甫就曾用“饔子左右挥霜刀，鲙飞金盘白雪高”的诗句来进行比喻。再有武则天的男宠张易之曾制作大铁笼，将鹅、鸭放在笼内，在笼中生炭火，并置铜盆，内盛五味汁，“鹅、鸭绕火走，渴即饮汁，火炙痛即回，表里皆熟，毛落尽，肉赤烘烘乃死”。也就是把鹅、鸭活活炙死然后吃现成的。初来乍到的您可能会觉得这种做法过于残忍，殊不知这正是当时饮食风俗的一种生动反映。

至于蔬菜嘛，刚刚穿越过来的您一定要切记，此时所谓的“生菜”是指“生食之菜”，也就是说，凡是可以生吃的菜都叫做“生菜”，像胡荽、芸苔、白苣、邪蒿、萝卜叶、荏子等等都算做生菜之列。您要是进了饭馆可千万别直接点生菜，估计人家店小二会把所有蔬菜都给您端上来！同时，这时的人们还会食用腌菜、泡菜和酱菜。另外，因为对外交流与贸易的加强，此时外来蔬菜的品种也增多了，像是菠稜菜、酢菜、胡芹、浑提葱、甜菜等

都传入了中国。

菜足饭饱，您还想来点饭后甜品——水果吧？不过不好意思，这个时候的水果可是有钱人家才享用得起的。洛阳的嘉庆李、长安的哀家梨、扬州的樱桃、四川的荔枝、长江流域的柑橘、西域的葡萄以及国外传入的金桃、银桃、波斯枣……只是看名字就让人食指大动，如果您幸运地穿越到了大户人家，当然可以一饱口腹之欲；可要是您只是个小老百姓，那就只能饱饱耳福啦。诗人杜牧曾写过一首名诗《过华清宫》："长安回望绣成堆，山顶千门次第开。一骑红尘妃子笑，无人知是荔枝来。"千里送荔枝，这种运送成本也只有豪门大户能够负担得起啊！

从唐朝的主副食成分可以看出，当时人们的饮食种类多样，饮食结构还是比较健康滴；而且当时的烹饪方式主要是蒸、煮、烧、烤、烙、烫、炸、脯、腌等，估计油水也不会太足。再加上日常劳作的热量消耗，大多数人的身材应该是匀称的。至于那些流传至今的绘画作品中所绘的身姿丰腴的美女们，基本上都是出自宫廷或名门，整天养尊处优、不事劳作，身宽体胖也是正常的。所以胖美眉们千万不要有侥幸心理，觉得只要穿越到唐朝就万事大吉了，事实是如果您成为了唐朝的普通一员，那么以胖为美的准则在您身上还是不适用，您在普通大众眼中还是胖得很明显！所以啊，还是下定决心运动减肥去吧！！

唐

唐朝的饭桌，我们很适应——合食制的出现

曾经听人抱怨，说国人的吃饭方式实在不够卫生，一大家子人坐在一起，在同一个盘子里夹菜，相当于蘸着彼此的口水下咽，有些恶心。倒不如仿效一下西方人，分餐而食，每人一份，各吃各的，既卫生又不容易形成不必要的浪费。诚然，如果仅仅是从卫生的角度讲，合食制是有它自身的弊端，但这种宴饮方式之所以能成为中国的传统，自有它独特的文化内涵。共享一席，合食而餐，既显亲切热闹，又显盛情敬意，极为符合中国人热情好客的待客之道以及共享天伦的家庭观念。

其实，这种合桌而食的方式也并非历来就有的，中国最早的就餐方式就是分食制。直到唐代，随着高足坐具的传入和流行，才引发了餐制的革命性变革，人们的就餐习俗由原本的分餐制转变为合食制。从“范爷”主演的电视剧《大唐芙蓉园》里呈现出来的唐代生活场景不难看出，这样的例子比比皆是。比如有一场戏是寿王妃杨玉环到玉真观看望出家修行的姑姑玉真公主，公主设素斋一席招待玉环，席间唐玄宗突然出现，三人行过君臣之礼后便合桌而坐，同席而食。这里使用的就是方桌方凳，坐具的形制与唐代流传下来的绘画作品《唐人宫乐图》中使用的桌凳如出一辙，可见当时合食制已经非常普遍了。

早在春秋战国及更早的时期，还没有桌椅等家具，人们吃饭的时候都是席地而坐，把食物放在身边的地上，或者在面前放一张低矮的食案，各吃各的。所谓的“案”就是

《韩熙载夜宴图》 南唐·顾闳中

一种低矮狭长的小桌，类似于现在北方农村里的炕桌。例如战国末期，燕国太子丹请荆轲吃饭，为了表示对荆轲的器重和优待，与之“等案而食”。(《艺文类聚》)也就是说在两张食案上摆放相同的饭菜，供两个人各自据案分食。又比如世界知名热情好客之士孟尝君有一次请一个新来投奔的侠士吃饭，侍从不小心挡住了烛光，侠士便误以为自己吃的那份菜跟孟尝君的不一样，一怒之下离席而去。孟尝君赶紧起身挽留，并拿着自己的饭菜和侠士的进行对比，侠士这才知道自己误会了孟尝君，羞惭之下自刎而死。(《史记·孟尝君列传》)可见当时的分餐不仅分的是食物，还要分桌，即便只有两个人吃饭，也要分案而食，而且比西方“分”得更加彻底。

有些亲们可能会觉得，像这样席地而坐、分案而食不是挺洒脱写意的吗？非也非也，当时的“坐”可不是我们现在理解的“坐”，而是“跽坐”。也就是说要双膝着地，两小腿贴地，屁股坐在小腿和脚跟上。如果亲们能保持这种姿势吃完一顿饭而面不改色，I服了YOU！不过对于爱美的姐妹们来说，这种有助于身

《宴饮图》 唐墓壁画

姿挺拔的坐姿还是很值得一试的，权当是练瑜伽啦。

到了唐朝，人们吃饭时已经可以把双腿解放出来了，这要归功于魏晋时期北方少数民族广大人民的贡献。这一时期，他们使用的“胡床”、“胡坐”开始进入中原地区。胡床，又叫交床，类似于现在没有椅背的折叠椅。既然椅子腿变高了，人们的坐姿也就发生了相应的变化，由席地而坐改为垂足而坐。哎，终于可以舒舒服服“坐”着了！

亲们先别着急穿越，更舒服的还在后面呢。从唐代开始，更加方便舒适的高桌大椅出现了，杯盘碗碟等食具都可以直接摆到桌上，逐渐形成了众人围坐一起的合食方式，人们的饮食方式就由分餐制演变为了合食制，也称为“会食制”。从文化的角度来看，这种就餐方式方便了人们在进食过程中的相互交流，尤其唐朝社会风气开放，不仅是宫廷，就连民间老百姓也时不时开个party，同时组织一下文艺演出活动什么的，这样的宴饮形式就会使

得气氛更加热烈欢愉。从当时流传下来的绘画作品中，不难看出在唐代，合食的就餐方式已经非常普遍了。敦煌石窟473窟的唐代壁画《宴饮图》就是个很明显的例子，画面表现的是一众男女在一座亭子里吃饭的场景。亭中设一长方形食桌，两侧各有一条高足长条凳，4男5女面对面分两侧落座，桌上摆有圆盘小碗，每个人面前都摆放着一套筷子、汤匙等食具，生动地展现了当时合食制的情形。

但是，分餐制在这一时期并没有完全绝迹。南唐画家顾闳中的《韩熙载夜宴图》就清晰地描绘了五代时期士大夫们的夜宴场景。图中韩熙载与几位士大夫面前都分别放置了长方形桌子，每人都有一套与其他人完全相同的食物与餐具，这显然是分餐形式。唯一与前代分餐制不同的是，摆在众人面前的已然不是低矮的食桌，而是高足桌了。

直至明朝，会食制才完全取代了分餐制，并在圆桌上产生了一整套长幼尊卑、主宾副陪的理论，那是另一种新的饮食文化，也是后话了，在此按下不表。

免费的工作餐是不容易吃的——衙门会食制

这里所说的“会食”跟前文中提到的“会食制”中的“会食”意思并不完全相同，所谓会食者，相聚进食也，也就是咱们说的聚餐啦。这个词对刚刚穿越而来的您是不是有点诱惑力呢？您可能还在心中窃喜，太好啦，终于逮到机会呼朋引伴、结交新朋友啦！咳咳，淡定，淡定……这个聚餐可不是三五知己相聚一堂，小酒一喝，小K一唱；也不是春暖花开，郊外踏青，席地一坐，与亲友共叙天伦……这里的会食是特指工作餐，而且是在各级官员中普遍实行的一种制度，也是唐代新兴起的一种饮食方式。至于会食的地点嘛，也是有规定的，是在州县各级衙署自己的食堂里。

唐朝李肇在《唐国史补》卷下有这样的记载："每朝会罢，宰相百僚会食都堂。"所以"会食"也可以称做堂食、堂餐、堂馔，指唐时政事堂的公膳，后来泛指公署膳食，说白了也就是衙门里的工作餐。唐人蔡词立在《虔州孔目院食堂记》中有更为详细的记载："京百司至於天下郡府，有曹署者，则有公厨，亦惟食为谋，所以因食而集，评议公事者也。繇是凡在厥位，得不遵礼法举职司，事有疑，狱有冤，化未治，弊未去，有善未彰，有恶未除，皆得以议之，然后可以闻于太守矣。冀乎小庇生灵，以酬寸禄，岂可食饱而退，群居偶语而已。况虔居江岭，地扼咽喉，有兵车之繁，赋役之重。苟一物为害，则万姓何辜。一纲不提，则七邑何守。同舍诸公，得无属意焉？小子承乏，每惭尸素，志求短拙，忧心忘餐。或有公事之稽留，狱讼之冤滞，六曹之臧否，百姓之惨舒，农桑之失时，乡闾之蠹弊，闻见所未及，才智所未臻，希会馔以言之，共裨风化。"（《全唐文》第九部卷八〇六）可见上至中央各部门、下至地方郡县都设有公共的干部食堂，虽然大家是因为吃饭聚在一起的，但也给大家提供了一个交流工作的机会。在座的官职不分大小，只要是公事，像是事情有疑点的、官司有冤枉的、风化没有得到治理的、弊病没有去除的、该得到表扬的没表扬的、该除掉的坏人坏事还没彻底除掉的……都可以拿出来议一议。而且大家也愿意借助这样一个轻松的场合来评议公事，"希会馔以言之，共裨风化"，而不是"食饱而退，群居偶语而已"。

看到这里，您想着借会食的机会交个把朋友似乎是行不通了，但看看人家唐朝官员们那废寝忘食的工作精神，还是挺靠谱的。不过事物往往都有它的两面性，会食既然可

《春夜宴桃李园图》 明·仇英
描绘李白与其四从弟，春夜于桃李园中设宴，斗酒赋诗的情景

以成为官员们闲暇之余讨论政务、交流情感的场合，也就能够沦为同僚间钩心斗角、反目成仇的机会。

宰相会食应该是唐朝各级官员会食活动中级别最高的了，前面提到的政事堂公膳其实是专门针对宰相们而言的，因为唐代州县各部门的会食都是在专门的食堂进行，而只有宰相会食是安排在议政办公地点，所以宰相会食有时也称为“堂饭”。顺宗即位后不久，有一天众宰相（唐朝是多宰相制）在中书省一起吃饭，王叔文来找韦执谊，要议论政事。按照唐朝惯例，“宰相会食，百官无敢请见者”。但韦执谊听见王叔文来了，赶快迎了出去，其他在座的宰相郑珣瑜、杜佑、高郢于是停下来，打算等韦执谊回来再一起吃。一会儿，小吏来说：“韦相公和王叔文已经一起吃饭了。”这哪了得，众宰相顿时感觉被怠慢了，郑珣瑜尤其感到伤了自尊心，于是叹道：“吾可复居此乎！”（《新唐书·卷一六五·郑珣瑜传》）便起身回家，在家里七天不出来视事，由是罢相。当然，郑珣瑜并不是计较一顿饭，这里面还牵扯到“永贞革新”的政治背景和各个宰相们不同的政治立场与态度。但是从这个例子中不难看出当时宰相会食的一些特点，王叔文破坏了会食的规矩，就是对其他宰相的不尊重，也成了政治矛盾爆发的导火索。

还有一个例子：“儒衡气岸高雅，论事有风彩，群邪恶之。……时元稹依倚内官，得知制诰，儒衡深鄙之。会食瓜阁下，蝇集于上，儒衡以扇挥之曰：‘适从何处来，而遽集于此？’同僚失色，儒衡意气自若。”（《旧唐书·武元衡传》）儒衡就是武儒衡，武元衡的从弟，他因为鄙视元稹借助宦官上位，便借着同僚会食的机会借驱赶苍蝇嘲讽元稹，说他没有通过正当的途径谋得权位，根本不配与大家一起会食。看看，免费的午餐果然不是容易吃的吧！

据说韩国的企业目前还保留着咱们老祖宗的这种会食文化，几乎每家公司都会有专门的预算经费，供各部门按月安排“会食”。而这部分费用是游离于招待费之外，可以不用交税的，也就是说，这种行为得到了韩国政府的鼓励和支持。只不过随着社会的发展，会食已经不仅仅局限于“食”，也可能是去唱K、滑雪，但这种活动既能缓解工作压力，又能增进同事友谊，何乐而不为呢？

吃了这一顿，你就告别平民队伍了——关宴

关宴，也称为“关谯”、“关醼”，是进士参加完吏部的关试之后举行的宴会。五代王定保在《唐摭言·述进士

曲江亭

下篇》有云:"大燕於曲江亭子,谓之'曲江会'。曲江大会在关试后,亦谓之'关宴'。"初来乍到的您看到这里可能有点晕菜,进士不就是传说中过五关斩六将、历经层层闯关升级之后,最后通过中央政府的考试,自此可以封官拜相、平步青云的精英吗?这些尖子中的尖子怎么还要参加"关试"呢?这您就有所不知了。在唐代,中了进士和当官之间并不能划等号,还要经过吏部的"选试",合格的才能授予官职。所谓"进士",最初的字面意思就是"进为士",是说一个人通过了国家的统一考试,获得了"士"的地位,此后就有机会被国家征辟任命为官员了。有点像现在的"资格考试"。考试合格了,就有资格做官。所以看似风光无限的进士,也只不过是具备了当官的资格而已,至于能不能当上这个"官",还得两说呢。这种现象其实不难理解,前文就曾经提到过,唐朝是个等级非常森严的朝代,南北朝时期形成的门阀制度在唐朝的中前期影响仍然很大,士族仍然是官场上的主角。而科举是给了庶族一个出头的机会,让寒门学子也有了入仕的途径。但是,想要从根本上撼动贵族们的地位在当时仍然是不可能完成的任务,想成为真正的"公家人",那还得再过一关。

选试又称为"释褐试",也就是说选试合格的人就可以脱去粗布衣服换上官服，自此离开平民队伍了。这是一种专门为选拔官员进行的考试，谓之“关试”，时间一般是在春天，故又称之为“春关”。通过了关试的人就可以被授予官职了，一般在八九品之间，官职不会太高。因此关试之后举行的关宴，自然就被赋予了不同的意义，是皇帝恩赐给新科进士的宴会，成为与进士有关的各种名目繁多的宴会中规模最大的一个。“关醼，此最大宴，亦谓之离筵。”（王定保《唐摭言·谦名》）

举行关宴的地点一般设在长安城东南的曲江亭子，除了上文提到的“曲江会”的别称外，还被叫做“杏园宴”。宴会时，一般由状元担任录事，也就是进士们推举的督酒人，另外还有主宴、主酒、主乐、主茶等各种名目。曲江关宴大会不但是进士们的好日子，也是社会各阶层的盛大节日。长安城里的达官贵人们都会借此机会去物色东床快婿，普通老百姓也会去赶个热闹。“宴前数日，行市骈阗于江头。其日，公卿家倾城纵观于此，有若中东床之选者，十八九钿车珠鞍，栉比而至。”（王定保《唐摭言·慈恩寺题名游赏赋咏杂记》）可见在宴会举行的前几天，各色小摊小贩们就已经积极行动起来，开始在周边抢占有利地盘了。而在宴会当日，盛况更是空前：“曲江之宴，行市罗列，长安几于半空。公卿家率以其日拣选东床，车马阗塞，莫可殚述。”（王定保《唐摭言·散序》）甚至连皇帝本人都会亲临现场，着实给足了新科进士们面子，“逼曲江大会，则先牒教坊请奏，上御紫云楼，垂帘观焉”（王定保《唐摭言·散序》）。瞧瞧，连朝廷教坊的伎乐也来演出助兴啦！

既然朝廷是主办单位，那是不是也有承办单位啊？这个真可以有，而且还是长安人民自发组织的。“所以长安游手之民，自相鸠集，目之为‘进士团’。初则至寡，洎大中、咸通已来，人数颇众。其有何士参者为之酋帅，尤善主张筵席。凡今年才过关宴，士参已备来年游宴之费，由是四海之内，水陆之珍，靡不毕备。时号‘长安三绝’。”（王定保《唐摭言·散序》）

白居易像

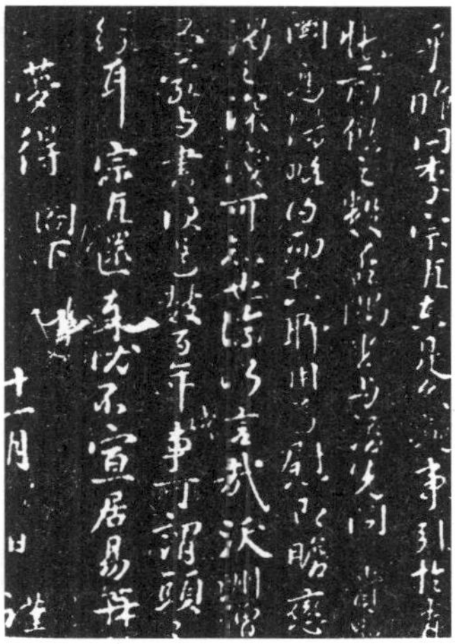
白居易手迹碑刻

看看，看看，人家那些整日里游手好闲、不务正业的人承办的关宴宴席都能打出自己的品牌，可见当时关宴在社会上的影响力之巨大！说到这里，您这吃遍各大菜系的21世纪美食家倒是很有抢人饭碗的潜力，把各大菜系都上一遍，不然就整个满汉全席啥的，实在不行就搞场西餐式的全自助。哇塞，争夺“长安三绝”的头衔指日可待啊！！

酒足饭饱，宴会结束之后，还有丰富多彩的游艺活动。新科进士们被前呼后拥着前往慈恩寺，登临大雁塔，题名塔壁留念。一般是先在纸上写下各自的姓名、籍贯，并推举其中书法出众者作文一篇以记此盛事，然后让石匠刻在大雁塔的石砖上。“既捷，列书其姓名于慈恩寺塔，谓之题名会。”（李肇《国史补》）“雁塔题名”又称“慈恩题名”，这可是唐朝新科进士们一项莫大的荣誉。白居易曾写过这样的佳句：“慈恩塔下题名处，十七人中最少年。”白居易进士及第时只有二十七岁，是同时考中的十七个人中年纪最小的，其欣喜自得之情也hold不住了。另外，于大中八年（854）进士及第的刘沧作有《及第后宴曲江》：“及第新春选胜游，杏园初宴曲江头。紫毫粉壁题仙籍，柳色箫声拂御楼。霁景露光明远岸，晚空山翠坠芳洲。归时不省花间醉，绮陌香车似水流。”（《全唐诗》）诗中已经把雁塔题名比做入仙籍了，进士们那春风得意的喜悦心情以及莫大的荣誉感、满足感当真是跃然纸上，呼之欲出了。

喝饮料的学问不简单——唐人饮酒和饮茶

吃也吃得差不多了，总得来点喝的吧。亲们都是来自饮料品种异常丰富的现代社会，可乐、雪碧天天见，咖啡、果汁不离口，一穿越回古人的时代，总不至于只给一瓢清水吧？那谁受得了啊！其实吧，唐代的饮料品种虽然不能跟如今的繁多种类相比肩，但还是很丰富的。比如唐人杜宝所撰《大业杂记》中就有这样的记载：“（筹禅师）又作五香饮，第一沉香饮，次丁香饮，次檀香饮，次泽兰香饮，次甘松香饮，皆有别法，以香为主。”所谓“五香饮”，就是以五种香料分别制作的饮料，光听这名字就顿觉香气绕鼻了。但就总体而言，酒和茶才是唐代最主要的饮品。

（一）饮酒

饮中八仙歌

杜甫

知章骑马似乘船，眼花落井水底眠。汝阳三斗始朝天，道逢曲车口流涎，恨不移封向酒泉。左相日兴费万钱，饮如长鲸吸百川，衔杯乐圣称避贤。宗之潇洒美少年，举觞白眼望青天，皎如玉树临风前。苏晋长斋绣佛前，醉中往往爱逃禅。李白斗酒诗百篇，长安市上酒家眠，天子呼来不上船，自称臣是酒中仙。张旭三杯草圣传，脱帽露顶王公前，挥毫落纸如云烟。焦遂五斗方卓然，高谈雄辩惊四筵。

说到唐朝的饮酒风俗，不得不提到这赫赫有名的“醉八仙”。据《新唐书·李白传》载，贺知章、李琎、李适之、崔宗之、苏晋、李白、张旭、焦遂为“酒中八仙人”。这八个酒仙是同时代人，也都在长安生活过。著名诗人杜甫借助这首别具一格的“肖像诗”，以洗练的语言、人物速写的笔法，将八人的酒后之态呈现在读者面前，构成了一幅栩栩如生的群像图，虽历经千年，今人读来仍能身临其境，真切地感受到八人嗜酒、豪放、旷达的真性情。

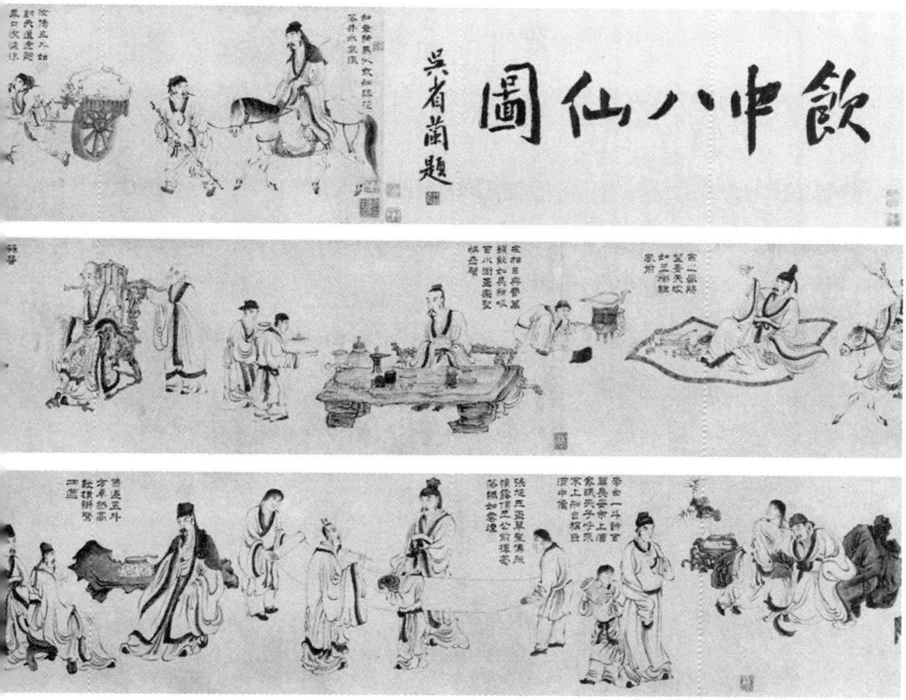

《饮中八仙图》　明·陈洪绶

唐

杜甫像

这几个人不但好酒，而且酒量惊人。就拿李适之来说吧，他于公元742年（天宝元年）代牛仙客为左丞相，雅好宾客，饮酒日费万钱，豪饮的酒量有如鲸鱼吞吐百川之水。而且人家工作、喝酒两不误，白天上班批公文，晚上回家换身衣服就开喝，“喜宾客，饮酒至斗余不乱。夜宴娱，昼决事，案无留辞”（《新唐书·李适之传》）。至于一斗有多少呢？我们可以来换算一下。唐朝的一升约为594.4毫升，十升为一斗，而现在市场上出售的瓶装啤酒大概是600毫升左右，也就是说李丞相能一口气连喝十瓶而面不改色心不跳。说到这儿您可能不服气了，想咱们在来唐朝之前也是饱受“酒精考验”的，什么白酒、红酒、啤酒、洋酒一块儿招呼，老李这点儿酒量算什么呀！而且古代的白酒度数超低……就算度数低，那也总比啤酒的度数高吧，一连干十瓶，那也算得上是酒场上的一把好手了！另一位李姓酒仙李白是出了名的“诗仙”，其嗜酒如命也是出了名的，用大仙自己的话来说“百年三万六千日，一日须倾三百杯”。而且大仙生性豪放，酒酣之后更是狂放不羁，“长安市上酒家眠”那是经常性的，“天子呼来不上船”也是不足为奇的，虽然这里有夸张的成分，想大仙还不至于不卖皇帝老儿面子，但其桀骜不驯的性格已经跃然纸上，极富浪漫主义色彩。

从上文杜甫的诗中我们还可以得到一个重要信息，那就是唐朝人饮酒、好酒的风俗已经不局限于单一阶层，而是整个社会普遍流行的风气。酒中八仙中既有皇亲国戚、达官贵人，又有潇洒名士、艺术名家，甚至还有平民百姓。除了丞相，八仙中还有一个曾任礼部、工部侍郎的贺知章，也是八人中资格最老、年事最高的。“醉后属词，动成卷轴，文不加点，咸有可观。”（《旧唐书·文苑传·贺知章》）酒后乘兴书写诗文，直到纸尽方止。而八人中身份最尊的应是汝阳王李琎，他是唐睿宗的孙子、唐玄宗的侄子，那可是名副其实的皇家成员，荣宠一时。唐时只有皇亲国戚、贵族勋臣有资格承袭封地，也就只有李琎才会生发出为了喝酒，恨不得把封地迁移到酒泉去的想法。崔宗之是一个潇洒倜傥的翩翩美少年，酒后更是玉树临风、俊美无俦；苏晋一面吃斋念佛，一面又嗜酒如命，也就只有醉中逃禅了。另一个能和李白比肩的艺术家就是擅长草书的张旭，“（张）旭善草书，而好酒，每醉后号呼狂走，索笔挥洒，变化无穷，若有神助，时人号为张颠。”（《旧唐书》）可见其酒醉之后灵感爆发，创作状态极佳。最后一位酒仙焦遂乃是一介布衣，也就是平民小老百姓。相传焦遂有口吃的毛病，但喝酒之后便神情卓然、侃侃而谈，杜甫集中笔墨渲染焦遂的卓越见识和雄辩口才，至于他是不是真的口吃，现今已无可考。

其实，写下这篇《饮中八仙歌》的杜甫本人也是一个毫不逊色的酒客。但是与醉八仙的放浪形骸不同，杜甫之喝酒是“借酒浇愁愁更愁”、“众人皆醉我独醒”，这与其深深扎根于社会现实中悲天悯人的诗人情怀不无关系。面对国难家贫、生活困顿、漂泊无依、怀才不遇，杜甫的内心深处承载了太多苦闷。“却忆年年人醉时，只今未醉已先悲。数茎白发那抛得？百罚深杯亦不辞。圣朝亦知贱士丑，一物自荷皇天慈。此身饮罢无归处，独立苍茫自咏诗。”既对国家政治前途担忧，又为自身的前途渺茫而抑郁。“千里犹残旧冰雪，百壶且试开怀抱。垂老恶闻战鼓悲，急殇为缓忧心捣。少年努力纵谈笑，看我形容已枯槁。”“诸生颇尽新知乐，万事终伤不自保。气酣日落西风来，愿吹野水添金杯。如渑之酒常快意，亦知穷愁安在哉。忽忆雨时秋井塌，古人白骨生青苔，如何不饮令心哀。”愁来不离酒，借酒吐悲愁，饮而不醉，悲情上涌，却只能愁更愁，杜甫也就只能清醒地承受着各种痛苦悲愁了！

唐人尚酒，对酒的称谓也是五花八门，像是醥（清酒）、醪（浊酒）、醴（甜酒）、圣（苦酒）、醍（红酒）、醙（白酒）、杯中物、浮蚁或蚁浮、腐肠贼、腐肠膏、消愁药、青州从事、椒浆、壶浆、醽醁……而且唐人还特别喜欢用“春”来给酒命名，如金陵春、梨花春、松醪春、竹叶春、玉露春、庆云春、土窟春、石冻春、烧春、瓮头春等等，不胜枚举。而不同种类的酒又跟特定的节日联系在一起，如元旦饮屠苏酒，端午饮菖蒲酒或雄黄酒，重阳饮菊花酒等。

不仅对酒有讲究，唐人对喝酒的器皿一样讲究得不得了，甚至到了登峰造极的地步。唐人喝酒可不是对瓶吹，也不是简单的把酒倒在杯子里，而是有一整套的酒具。如果按功能分类，酒器可分为盛储器、温煮器、冰镇器、挹取器、斟灌器、饮用器、娱酒器等，其中盛酒器有缸、瓮、尊、罍、瓶、缶、壶等，饮用器有杯、盅、壶、卮、盏、钟、觞、碗等等。前面说到李适之是个酒徒，但他还是个很有情趣和品位的酒徒，他家有酒器九品，分别叫蓬莱盏、海川螺、舞仙、瓠子卮、幔卷荷、金蕉叶、玉蟾儿、醉刘伶、东溟样。这些酒器各有妙处，“蓬莱盏上有山，象三岛，注酒以山没为限。舞仙盏有关捩，酒满则仙人出舞，瑞香毬落盏外”（《云仙散录》）。如果按材质分类，酒器有金银器、青铜器、玉器、陶器、瓷器、竹木器、漆器、玻璃器、兽角器、蚌贝器等。像是“葡萄美酒夜光杯”就是指玉制的酒杯，西安何家村曾出土唐代的玛瑙兽首杯，现存的唐代金银杯数量也很多，而且分为高足杯、长杯、带把杯等多种类型，如陕西西安南郊何家村金

银器窖藏坑中出土的仕女狩猎纹八瓣银杯、狩猎纹高足银杯、掐丝团花金杯、舞伎八棱金杯等，皆为不可多得的艺术珍品。更为奇特的是，还有人以荷叶作为酒具，也就是在荷叶中满酌酒浆，然后系结起来，“持近人口，以箸刺之，不尽则重饮”（《因话录》）。陆龟蒙《酒仓》诗云：“奇器质含古，挫糟未应醇。”写出了酒器的共性和功用。

在这里特别值得一提的是，唐人新创制了一种至今仍令世人为之惊叹不已的新的酒器品类——唐三彩。唐三彩是由酱黄、浮白、葱绿三种颜色组成，间有翠蓝，调配起来给人一种既典雅、淳朴，又艳丽、鲜明的美感。唐三彩酒器也是唐代酒器的代表，如洛阳出土的唐恭陵三彩执壶、西安出土的三彩双鱼壶等，均具有很高的艺术价值和历史价值。这可是大唐的骄傲，也是咱们中华文明的骄傲哦！

看到这些或直白，或含蓄，或诗情画意的酒名以及琳琅满目的各色酒器，您肚子里的酒虫是不是已经开始蠢蠢欲动了呢？且慢，我们先要对当时的饮酒习俗有一个大致的了解，不然很有可能贻笑大方了，吼吼，可不能丢了咱们21世纪现代人的脸呦！

首先，当时人们饮酒一般都是在餐后，而不是像今人这样酒过三巡之后才吃饭的。细心的亲们可能在一些唐朝的历史剧中发现过这样的场景，明明是皇帝老儿大宴群臣，结果在酒桌上只有几盘作为陪衬的水果，连菜都舍不得上。呵呵，这可不是剧组为了省钱，而是有意为之，因为当时的酒就是在饭后喝的，菜肴佳馔早都已经先撤下去也。在唐人传奇故事中，“风尘三侠”的故事流传甚广。一次，虬髯客夫妇请李靖夫妇吃饭，“遂延中堂，陈设盘筵之盛，虽王公亦不侔也。四人对坐，陈馔，次出女乐

《古贤诗意图——饮中八仙》　明·杜堇

画中把贺知章、李琎、李适之、崔宗之、苏晋、李白、张旭、焦遂等各种醉态，按诗意毕露于白描之中，耐人寻味

二十人，旅奏于庭，似从天降，非人间之曲度。食毕，行酒”（杜光庭《虬髯客传》）。写得很明白不过了，四个人一边吃饭一边观赏歌舞表演，吃完饭后，OK，开喝！

其次，唐人有饮冷酒和温酒两种方式。饮冷酒就是将酒从酒缸、酒瓮、酒瓶等盛酒器中取出，然后直接饮用。白居易《北亭招客》中就有“小盏吹醅尝冷酒，深炉敲火炙新茶”的诗句。不过，以冷酒待客是一种不礼貌的行为，而且因为时令关系，天寒地冻的时候总不能喝冰镇的吧，于是“烫酒”就应运而生了。“烧柴为温酒，煮鳜为作沈。客亦爱杯尊，思君共杯饮。”（元结《雪中怀梦武昌》）“林间暖酒烧红叶，石上题诗扫绿苔。”（白居易《送王十八归山寄题仙游寺》）都为喝温酒提供了最好的证明。

再次，唐代喝酒有“献酬”之礼和“蘸甲”风俗。献酬，亦作“献醻”，指饮酒时主客互相敬酒。朱湾《奉使设宴戏掷笼筹》有云：“献酬君有礼，赏罚我无私。”韩愈《送刘师服》有云：“草草具盘馔，不待酒献酬。”……此时主宾之间和宾客之间都可以自由献酬。“蘸甲”即敬酒时，用手指在杯中蘸酒，将酒滴弹向空中，以示敬意。这与现在蒙古族的敬酒习俗

倒有几分相似。刘禹锡《和乐天以镜换酒》："嚬眉厌老终难去，蘸甲须欢便到来。"白居易《早饮湖州酒寄崔使君》："一榼扶头酒，泓澄泻玉壶。十分蘸甲酌，潋艳满银盂。"这种例子还有很多，亲们可要记住入乡随俗哦！

最后，唐人酒席上有"酒纠"之职。酒纠，又叫"酒乣"、"席纠"、"觥使"，也就是在饮宴时劝酒监酒令的人。前面提到的"献酬君有礼，赏罚我无私"，就是酒纠在主持饮酒行令和行使赏罚权。元稹《病卧闻幕中诸公徵乐会饮因有戏呈三十韵》："红娘留醉打，觥使及醒差。"自注："酒中觥使，席上右职。"

OK，有了这些基本了解，大家就可以去酒桌上畅快地厮杀一番了。您是不是已经迫不及待地挽起袖子，打算"哥俩好啊，五魁首啊"，然后"感情深，一口闷"了？那可使不得，唐朝的酒令艺术虽有雅俗之分，但可不是这么玩滴！

行酒令时必备的一件道具就是筹子。筹本是古代的算具。古代没有计算器，一般用竹木削制成筹来进行运算。善计者可以不依赖算具求得结果，因此筹引申为筹谋、筹划，所谓的"运筹帷幄"就是使用了它的引申义。从唐代开始，筹子在饮酒中就有了两种不同的用法：其一，仍用以记数。白居易"醉折花枝作酒筹"中的"酒筹"即为此类，即以筹计数，然后再按所得的筹的数量行酒。另外一种就比较复杂高端了，在用银、象牙、兽骨、竹、木等材料制成的筹子上刻写各种令约和酒约，行令时合席按顺序摇筒掣筹，再按筹中规定的令约、酒约行令饮酒。筹在这里已经不再是一种记数工具，而是演变为一种行令工具了。据考，于江苏出土的唐代《论语》酒筹是目前所知的最早的筹令。其形制是一只鎏金龟背负一个"论语玉烛"银筹筒，并有酒令银筹五十枚。银筹一面刻有文字，内容为《论语》辞句一句加令约，也就是饮酒对象、行酒方式和饮酒数量。行酒方式分为饮、劝、处、放四种，“饮”即自斟，“劝”即敬酒，“处”即罚酒，“放”即重新来过。之所以说这种玩法较为高端，是因为酒筹令中有较高的文化含金量，筹令内容包罗万象，参加者必须对古今名著、诗词歌赋、天文地理、民俗俚语都有一定的了解才能经受住考验。当然还要看临场的应变能力，您想啊，在那么闹哄哄的环境里面，时间又短，备不住还有人故意起哄打岔、落井下石什么的，要集中精力完成酒筹上的任务还真是有难度呢！奉劝刚刚穿越而来还不太了解社会现实的亲们慎玩、慎玩！

您看到这儿可能有些不服气，想我好不容易穿越一次，不去体验一把唐朝的酒桌文化那不是亏了吗？！事实上还真有两种玩法是您可以立刻投入的。一种是骰盘令，是以十只骰子齐掷，然后从掷骰的人起，按照采数饮酒。怎么样，这种玩法够简单吧？白居易的《就花枝》诗就是描摹了这种玩法：“就花枝，移酒海，今朝不醉明朝悔。且算欢娱逐日来，任他容鬓随年改。醉翻衫袖抛小令，笑掷骰盘呼大采。自量气力与心情，三五年间犹得在”。还有一种是抛打令，“主宾皆回环而坐，巡传香球或杯盏，以乐曲定其始终。当曲急近终时，便相互嬉戏抛掷，中者须起舞”（《中国风俗通史》）。觉得眼熟吧？是不是很像咱们小时候玩的击鼓传花呢？这种酒令较之前两种更多的加入了音乐和舞蹈的元素，如果您擅长歌舞，那这种玩法就再适合不过了。

既然说到了音乐和舞蹈，就不得不提一下唐朝饮酒风俗中的另一个特点，那就是常有音乐歌舞相伴。像前文提到的举行关宴时，连宫廷的乐伎都会前去助兴一样，“凡大燕会，则设十部之伎于庭”（《唐六典》）。唐朝在继承了隋朝九部乐的基础上，又吸收了大量外来音乐和民间音乐文化元素，形成了大唐十部乐，分别为：清商、西凉、龟兹、天竺、康国、疏勒、安国、高丽、燕乐、高昌。这十部唐宫燕乐区别于雅乐，是专门在宫廷宴饮场合表演的音乐。可见歌舞与饮酒的结合已经上升到了国家法典的高

度。不仅是宫廷，在地方府衙中也有乐伎佐饮，就连贵族官宦也大多蓄养私人的歌舞伎，“枥多名马，家有妓乐”（《旧唐书·文苑传·王澣》）。而且唐人生性奔放，饮到酣畅淋漓处，忍不住还要自己手舞足蹈、自娱自乐一番。据说唐太宗他老人家就曾经与群臣一起共舞，那是因为他的孙子燕王忠出世，唐太宗设宴款待群臣，“太宗酒酣起舞，以属群臣，在位于是遍舞，尽日而罢”（《旧唐书·高宗中宗诸子传》）。哎呀，想想那副活色生香的场面，且舞且饮，且歌且酒，对酒当歌，人生几何……唐朝人还真是懂得生活，懂得享受的！事实再次证明，亲们没白来一回，穿越到唐朝不后悔！

有人说，在历朝历代之中，文人饮酒之风最为彪悍的就是唐朝，饮酒已经不仅是寻找灵感的手段，还成了衡量文化成就的指标之一。就拿唐朝艺术成就最高的诗歌来说，这个评价似乎非常在理。《全唐诗》中直接与酒有关的诗篇约有一万二千首，约占《全唐诗》总数的五分之一，酒文化似乎已经渗透到了所有诗人和诗歌的血液精髓中，酝酿发酵，历久弥香。诗人与酒结缘的典故趣闻，不胜枚举；而酒后挥洒而就的传世佳作，在唐诗中更是俯拾皆是。别的不说，就说唐诗中对于喝酒之后的各种状态的描写，就已经细到了极致。如描写微醉的，“独酌芳春酒，登楼已半醺”（韦承庆《江楼》）；描写酣畅尽兴的，“半酣下衫袖，拂拭龙唇琴”（孟浩然《听郑五愔弹琴》）；描写喝醉的，“我醉欲眠卿且去，明朝有意抱琴来”（李白《山中与人对酌》）；描写喝大了的，“岘亭今日颠狂醉，舞引红娘乱打人”（元稹《狂醉》）；描写酒醒了的，“日暮酒醒人已远，满天风雨下西楼”（许浑《谢亭送客》）；描写酒醒后浑身难受、状态不佳的，“索寞襟怀酒半醒，无人一为解余酲”（韩偓《寄湖南从事》）……可以说每一种酒后之态都已经被写进诗中了。酒与诗人结下了不解之缘，酒形象已经深深烙印在诗歌中，酒文化衍生出了相传千载的酒文学。

唐朝之所以能够全民尚酒，跟酿酒业的发达是分不开的。这一时期酿酒原料丰富，酿酒渠道多样。唐朝经济繁荣、物产丰富，很多原料都可以拿来酿酒，如谷物、水果、花草植物、动物等等。用谷物酿酒当然还是第一选择，糯米、黍都是酿酒的重要谷物；水果酿酒自然当数葡萄酒了；而屠苏酒是以草本植物屠苏酿制而成的；此外还有动物乳汁酿成的乳酒以及肉类酿成的羊酒。

唐朝酿酒有官酿和私酿两种，其中官酿又可以分为御用酒和地方官酒两部分，御用酒是专供皇族和国事使用的酒，地方官酒则是各地方州县官营酒坊酿造的酒。私酿也可以分为两种，一种是酒肆，也就是酿酒和售酒于一体的店铺；另一种是家酿，像前文提到的那个想把封地移到酒泉的汝阳王李琎就自诩"酿王"，还把自家的酿酒经验总结了一番，然后写成书出版，名为《甘露经》。唐朝最有名的谏官魏徵也是一把酿酒好手，连唐太宗都要作诗夸赞一下他酿的酒："醽醁胜兰生，翠涛过玉薤。十日醉不醒，十年味不败。"魏徵酿的酒名字就叫"醽醁翠涛"，可以贮存于大金瓮内，味道十年不变。私家酿酒一般都是供自己饮用，用料实在，不会掺假，所以一般都具有较高的品质，甚至比地方官酒还要醇美得多。同时，家酿也是款待宾客的上佳饮品，白居易就有诗云："莫愁客来无供给，家酝香浓野菜香。"

（二）饮茶

开门七件事，柴米油盐酱醋茶。茶作为中华民族的国饮，可谓历史悠久。陆羽《茶经》上说："茶之为饮，始于神农。"可见茶的种植和饮用在我国起源很早，但直到唐代，饮茶才在全国范围内以及社会各阶层中普及开来。古人认为茶有十德，以茶散郁气，以茶驱睡气，以茶养生气，以茶

《宫乐图》 唐·佚名
描绘唐朝宫廷仕女坐长案娱乐茗饮的盛况

除病气，以茶利礼仁，以茶表敬意，以茶尝滋味，以茶养身体，以茶可行道，以茶可雅志。被世人尊称为"茶仙"的卢仝在《走笔谢孟谏议寄新茶》写出了品饮新茶带给人的美妙意境："一碗喉吻润，二碗破孤闷。三碗搜枯肠，惟有文字五千卷。四碗发轻汗，平生不平事，尽向毛孔散。五碗肌骨清，六碗通仙灵。七碗吃不得也，唯觉两腋习习清风生。"喝茶已经不只具有润喉止渴、提神醒脑的作用，还被提高到了一种非凡的精神境界，甚至可以忘记世俗、羽化登仙了！

咳咳……羽化登仙亲们就别想了，还是脚踏实地做人吧！不过，饮茶在唐代的普及不得不说和僧人有一定的关系。佛教注重坐禅修行，要求跏趺而坐、头正背直，心神皆专注于一境。可这种姿势坐久了难免让人产生昏昏欲睡的欲望，为了提神益思，茶就成了僧人们喜爱的饮品了。唐朝封演所著《封氏见闻记》曰：

“（茶）南人好饮之，北人初不多饮。开元中，泰山灵岩寺有降魔师大兴禅教。学禅，务于不寐，又不夕食，皆许其饮茶，人自怀挟，到处煮饮。从此转相仿效，遂成风俗，自邹、齐、沧、棣渐至京邑城市，多开店铺，煎茶卖之，不问道俗，投钱取饮。”由于寺院多坐落于名山大川之间，气候、水土往往比较适宜茶叶生长，僧人们便广植茶树，既可自饮，又可待客，像普陀佛茶和灵隐佛茶都是出自寺院的名茶。

除此之外，很多名茶都是从唐代开始生产的。“风俗贵茶，茶之名品益众。剑南有蒙顶石花，或小方，或散芽，号为第一，湖州有顾渚之紫草，东川有神泉，小团、昌明、兽目，峡州有碧涧、明月、芳蕊、茱萸簝，福州有方山之露芽，夔州有香山，江陵有南木，湖南有衡山……寿山有霍山之黄牙，蕲州有蕲门团黄，而浮梁之商贷不在焉。”（李肇《唐国史补》）看吧，穿越到唐朝还是福利多多滴，已经可以喝到这么多名贵好茶了！

但是，唐朝人喝茶的方式与现代人有些不同，因为当时所用的茶不是散茶，而是茶饼。一种饮茶方式是煮茶，也叫煎茶。大体方法是先将茶饼炙烤碾碎，然后煎水，水要三沸，一沸时按照水量放入适当的盐调味；二沸时舀出一瓢水备用，然后用竹夹在水中旋搅，并将茶末放入漩涡中心；三沸时将刚才舀出的水倒回止沸，“而育其华也”。这时候就不能再煮了，水沸过头也是不宜饮用的。所以要将茶炉移开，舀到茶碗里开喝吧。这里对于燃料和水都是有讲究的，陆羽在《茶经》里说：“其火用炭，次用劲薪。”“炭”就是木炭，“劲薪”是指桑、槐、桐、枥等火力猛的木柴，而曾经烤过肉而沾染了膻味和油腻之气的炭，或是会产生油烟的柴以及朽坏的木器等都不宜使用。“其水，用山水上，江水中，井水下。”

这里有个小贴士要特别提醒初来乍到的亲们，唐代煮茶喜欢加“料”，像是上面就提到了用盐调味，其实不只是盐，葱、姜、橘皮、薄荷、枣等都可以和茶一起煎煮，还有加酥、椒等煮茶的习惯。如李泌《赋茶》诗云：“旋沫翻成碧玉池，添酥散出琉璃眼。”喜欢喝奶茶的亲们有口福了，这种加了酥的茶，就类似于咱们今天的奶茶。

另外一种饮茶方式叫点茶，是将茶末放在碗中调成膏，然后注入沸水形成茶汤。这个茶汤可不是一般的茶汤，而是要靠控制注水的速度、落点而让茶汤纹脉形成物象，既可以是文字，也可以是图像，因此又叫做“水丹青”或“茶百戏”。您可能要惊叫了，这不就像现在的花式咖啡吗？一点不错，只不过不是在咖啡上作画，而是用茶汤作画罢了，咱们的老祖宗可是在唐代就已经掌握这门技术喽！

就像饮酒时对于酒具十分讲究一样，唐人煮茶饮茶也有一套特定的茶具。据《云溪友议》记载：“陆羽造茶具二十四事。”其中包括生火的、烤茶的、碾茶的、煮茶的、过滤的、饮茶的、盛茶具的、清洁的等等等等。陕西法门寺地宫也曾经出土过一套大唐系列茶器，根据同时出土的《物账碑》记载：有“茶槽子、碾子、茶罗子、匙子一副七事，共八十两”。“七事”是指茶碾，包括碾、轴；罗合，包括罗身、罗斗（合或盒）和罗盖以及银则、长柄勺等。在茶碗的选择上，陆羽认为“邢不如越”，也就是邢窑白瓷茶碗不如越窑青瓷茶碗更适宜饮茶。“邢瓷白而茶色丹，越瓷青而茶色绿”、“青则益茶”。而且越瓷茶瓯“口唇不卷，底卷而浅”，其形状也更适于饮茶。

细心的亲们可能会发现前面不断提到的一个人名——陆羽，关于茶的书是他写的，茶具是他造的，茶碗的好坏优劣也是他评价的，他到底是何方神圣来着？要说这个陆羽还真是大有来头，他就是历史上赫赫有名的“茶圣”。由他所著的《茶经》是世界上第一部茶叶著作，也是唐代茶文化形成的标志，其中系统地总结了唐代及之前有关茶的知识与经验，具体地描述了茶的生产、品饮、茶事，概括了茶的自然和人文科学双重内容，探讨了饮茶艺术，深化和提高了饮茶的深层美学和文化层次，把儒、道、佛

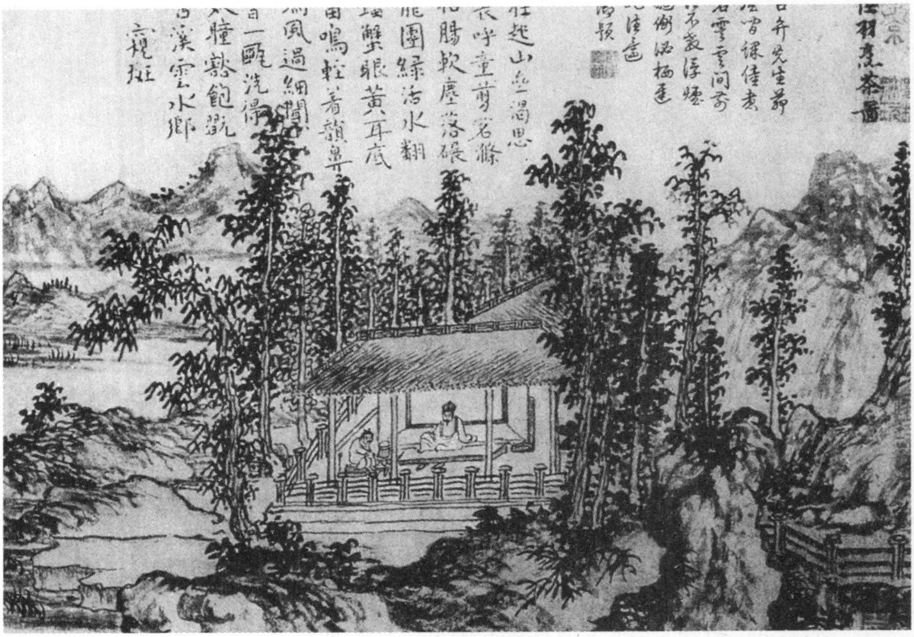

《陆羽烹茶图》　元·赵原

该画以陆羽烹茶为题材，用水墨山水画反映幽雅恬静的环境，远山近水，有一山岩平缓突出水面，一轩宏敞，堂上一人，按膝而坐，傍有童子，拥炉烹茶

三教融入饮茶中，首创中国茶道精神。

要说咱们这位陆茶圣也是个颇具传奇色彩的人物，据说他从小因为相貌丑陋而成为弃婴，被龙盖寺的住持智积禅师收养，连“陆羽”这个名字也是占卦得来的。虽然身在佛门，可陆羽并不想削发为僧，并公然宣称“羽将授孔圣之文”，这下惹恼了智积禅师，便用各种杂役惩罚他。陆羽忍无可忍，终于逮着机会逃出寺去，到了一个戏班子里学演戏，成为优伶。

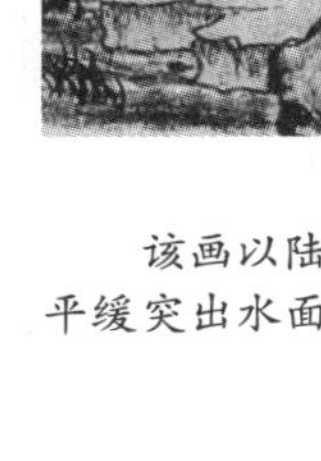

虽然貌丑口吃，但陆羽机智幽默，扮演丑角极为成功，还编写了三卷笑话书《谑谈》。如果就这么继续下去，也许陆羽就会在戏班子里终老一生了，可命运有时候就是这么神奇，天宝五年，陆羽的伯乐出现了。竟陵太守李齐物偶然看到陆羽的表演，非常欣赏他的才华，并把他推荐到邹夫子那里学

习。后来，陆羽结识了被贬为竟陵司马的崔国辅，两人经常一起品茶鉴水，讨论诗文。陆羽从此与茶结缘，并开始了他的钻研茶事之旅。经过几年游历各地的旅居生活，终著成《茶经》一书，传扬后世。陆羽生活的时代正是历史上儒释道三教并行发展的时代，因为从小受到青灯古佛的熏陶，后来又对儒家、道家思想有过深刻的钻研，使得他可以把三家的思想精髓融于茶道之中，因此，《茶经》中既有阴阳、五行相生相克的思想内涵，又有儒家修身齐家治国平天下的朴素的世界观和方法论，还有佛家修身养性、明心见性的境界。

茶道精神是茶文化的核心，也是茶文化的灵魂。关于“茶道”一词最早的记载见于唐朝诗僧皎然的《饮茶歌诮崔石使君》：“越人遗我剡溪茗，采得金芽爨金鼎。素瓷雪色缥沫香，何似诸仙琼蕊浆。一饮涤昏寐，情思朗爽满天地。再饮清我神，忽如飞雨洒清尘。三饮便得道，何须苦心破烦恼。此物清高世莫知，世人饮酒多自欺。愁看毕卓瓮间夜，笑向陶潜篱下时。崔侯啜之意不已，狂歌一曲惊人耳。孰知茶道全尔真，唯有丹丘得如此。”诗中不但倡导以茶代酒，还探讨了品茗的艺术境界，饮茶可得道，可以探悉道之真谛，这一点恐怕只有传说中的神仙才能了解吧！可见“茶道”一词的产生是与中国的本土宗教——道教有密不可分的联系的。

曾经有人把唐代的茶道分为三个类型：修行类、风雅类和茶艺类。修行类以上文的诗僧皎然为代表，以隐退、出世思想为主，以饮茶作为益思、参禅、修行的途径。风雅类以入世的王公贵族如李季卿等为代表，注重饮茶的物质文化享受。茶艺类的特点是以茶艺映照人文素养，体现人文精神，以陆羽为代表。三个类型的茶道各有特点、各有侧重，所表现的文化内涵也是各有千秋。与此同时，唐朝的饮茶习俗也走出国门，传入日本，并对后来日本的茶道文化产生了深远影响。

在唐代，茶会、茶宴兴盛，并成为一种时尚。名人雅士欢宴一堂，以茶代酒，吟诗作赋、促膝谈心，那风雅劲儿，真是无与伦比。唐代“大历十才子”之一的钱起在《与赵莒茶宴》中写道：“竹下忘言对紫茶，全胜羽客醉流霞。尘心洗尽兴难尽，一树蝉声片影斜。”在竹林的掩映下，文人墨客们以茶代酒，聚饮畅谈，以至于浑然忘我，洗净尘心，一派闲情志趣中，求得心灵的净化与升华。看到如此令人神往的一幅画面，您是不是也想立刻加入到他们的聚会当中去呢？而就是在这种茶会、茶宴的基础上，才逐渐演变出后来的“茶话会”。

看到这儿您可能又兴奋了，茶话会我熟啊，咱可是参加过21世纪新时代茶话会的，还怕参加古人的茶宴？！您可别忘了，古人在茶话会上可不是吃吃喝喝侃大山，而是要吟诗作对、题诗作画滴，您说着满嘴的网络语言、火星语就来了，连说话跟人家都不在一个轨道上，劝您还是三思而后行，赶紧先去把诗词歌赋规规矩矩地学起来吧！

【穿】

哥穿的不是时尚，是身份

衣服，不是时尚，而是等级——唐朝的服制

所谓“入乡随俗”，对于刚刚横空出世来到唐朝的亲们，“吃”不是最重要滴，“穿”才是迫在眉睫、急需提上议事日程的头等大事。为什么呢？您想啊，您这次穿越之旅一般来说应该可能也许是被动成行的吧？穿越之前您可能还在公元2012年的任何一座城市或者任何一个角落做任何一件事情，可不管您在哪儿、在做什么，您的穿衣打扮还都是21世纪的吧？一下子出现在唐朝，您这一身或正式或休闲的行头，怎么说也得惊倒一片！就算退一万步说，您是作好充分的准备要穿越了，可具体被发配到哪个朝代也不是您能控制得了的吧！难道事先把每个朝代的衣服都做一套，打包带来？就算再退一万步说，您连穿越的目的地都事先掌握了，还找最好的设计师为您量身打造了一套“唐装”，然后才翩然而至——对不起，您一样会惊倒一片！因为咱们现在所谓的

唐

“唐装”并非唐朝人穿的服装，这是有本质区别滴！甭管怎么说，您这副另类的装扮就是活脱脱一西洋景，要想不被人围起来当怪物看，赶紧找身正经的唐朝衣服换起来，否则别说吃了，您恐怕连立锥之地都没有！

意识到这个问题的严重性，您可能马上就要行动起来了。可是仔细看看街上人们的穿着，款式似乎都差不多嘛，这多没个性吖！咱可是时尚一族，就算款式没得选，怎么着也得选个自己喜欢的颜色吧？NO！NO！NO！这个您一样没得选，如果一不小心选错了，后果会很严重！这还真不是吓唬您，因为在唐朝，衣服不只是用来蔽体御寒的，也不是为了时尚美观的，而是用来区别不同社会阶层和社会角色的最重要的标志物之一。您是什么身份、处于什么样的社会地位，就要穿相应颜色的衣服，否则就是违制，就是犯法，这就是唐朝的服制。

服制，就是服装的制度化，不但具有规范性，还具有法令的意义，是由政府制定颁布的，目的就是为了确定人们上下有等、贵贱有别的等级秩序。在隋唐以前，服制的各种规定都是针对礼服而言的，对平时穿的常服不作具体规定。从隋唐开始，常服也被纳入了服制范围，使得古代服制内容进一步完善。也正是因为这一制度的变化，使得之前在日常生活中穿戴的常服逐步取代了冠服的地位和作用，进入了各种正规场合。

（一）男服

唐朝男子的服制可分为冠服和常服两类。冠服又称礼服，是指古代社会自皇帝至各级官员在各种正式场合穿着的服装，又可以细分为三种，“即主要适用于祭祀的冕服（又称祭服），在陪祭、朝飨、拜表等场合服用的朝服（又称具服）和五品以上官员在朔望朝参、谒见东宫和其他正式场合穿着的公服（又称省服）”（《中国风俗通史》）。唐朝的冠服在继承隋制的基础上进一步变通，拿皇帝的冠服来说，分为大裘冕、衮冕、鷩冕、毳冕、绣冕、玄冕、通天冠、武弁、黑介帻、白纱帽、平巾帻、白帢等十二

等，哇塞，看着都眼晕，更别说穿戴起来有多麻烦了！所以这些繁缛的冠服一般都是备而不用的。

常服又称亵服或谦服，隋朝初年，官员的常服和百姓的衣服几乎没什么差别，隋炀帝改革服制之后，才开始用不同的服装颜色来区别尊卑高下。到了唐朝，对于常服的各种规定更加细化，其中最重要的一点就是明确规定了赤黄（赭色）是皇帝专用的服色。唐代认为赤黄是接近太阳的颜色，而“日”正是皇帝尊位的象征。所以亲们在看影视剧的时候，如果发现在唐朝之前有谁因为误穿黄袍而被抄家掉脑袋的桥段，就可以大胆地站出来说NO啦。

唐朝对于官员们的常服颜色也是有规定的。唐朝除了有三省、六部、九寺、五监等职官体系，还有一套比较完备的品阶勋爵制度。《新唐书·百官志》说：“其辩贵贱，叙劳能，则有品、有爵、有勋、有阶，以时考覈而升降之，所以任群材、治百事……方唐之盛时，其制如此。”表示所任职务的称号叫职事官，表示官员等级品阶的称号叫散官，两者并行，也就是咱们平时所说的一个官员担任某某官职，官拜几品。唐朝对于官员的服色规定是以散官品级为准的，跟职事官的高低没什么关系。唐高祖武德四年规定三品以上服紫，五品以上服朱，六品以下服黄。唐太宗贞观年间规定：百官之服三品服紫色，四品服绯色，五品服浅绯，六品服深绿，七品服浅绿，八品服深青，九品服浅青，流外官及庶民服黄。到了高宗上元元年又进一步重申百官服色，文明元年将八九品的青色改为碧，此后相沿不变。“虽宰相之尊，而散官未及三品，犹以赐紫系衔”，“非赐不得衣紫”《十驾斋养新录》。看来唐朝官服以紫为贵，想知道一个人官大官小，看看衣服颜色就行了。

唐

《男侍从图》　陕西唐李重润墓壁画

对于庶民百姓来说，服色用白色或黄色。在这里要特别强调的是，百姓不可服的是赤黄色，而不是黄色。此时土黄色基本上是平民服装的大众色，因为他们的服装基本上都是用麻布做成，也就是保持了原有的颜色。其实不只是用服色可以辨官品，以衣服的质料也可以看出身份的高低贵贱。贵族高官之流可以穿着华丽的丝帛，而平民百姓只能以粗疏的葛麻为衣。按唐制：度支、户部、盐铁门官等服细葛布……未有官者，服粗葛布。一般用“布衣”来代称庶民百姓，也就是这个原因。所以，亲们来到这里，东西可以乱吃，衣服可千万不能乱穿哦！

虽说在服装的颜色上有严格的要求，但唐朝男装在样式上区别不大，基本上都是以简单实用为基准，最常见的搭配就是幞头、圆领袍衫、靴子。

幞头又叫折上巾、软裹，是一种包头的软巾。幞头在唐代非常盛行，是男装常服中不可或缺的一部分。要说唐朝的男人们也是挺爱美的，幞头直接裹在头上看起来非常低平，太没型啦，也不符合社会上高冠峨髻的流行趋势啊，于是就出现了垫在幞头里的“巾子”。“幞头之下别施巾，象古冠下之帻也。”（唐封演《封氏闻见记》）根据巾子的不同形状，可以使幞头的外形发生变化。唐高祖武德时期流行“平头小样巾”；武则天时流行高头巾子，又称“武家诸王样”；唐中宗赐给百官“英王踣样巾”，其式样高踣而前倾；唐玄宗开元十九年（731）赐供奉官及诸司长官罗头巾及官样巾子，又称“官样圆头巾子”；中晚唐以后，“尖巾子”盛行于世……至于制作幞头的材料，唐以前是用缯绢，唐代改用黑色薄质的罗、纱，并且有了专门做幞头用的幞头罗、幞头纱。从不断变换的幞头样式来看，时尚风向标在不同的时代会有不同的指向，看来时尚这个东西还真是不分朝代、不分地域、不分男女，无处不在吖！

有了爱美之心做动力，唐朝人的创造力是无限滴！不但可以在巾子上做文章，还可以把幞头脚演变成各种形状，愣是要在方寸之间玩出七十二般变化。幞头脚就是幞头系在脑后的两根带子的剩余部分，开始称为“垂脚”或“软脚”。后来带子加长，打结后可做装饰，就成了“长脚罗幞头”。后来幞头所垂两脚形状发生改变，或圆或阔，并在周边用丝弦或铜丝、铁丝做骨架，衬以纸绢，幞头脚就成了能够翘起的硬脚，称为“翘脚幞头”。

唐代男子最常穿的衣服是袍衫，式样为圆领、窄袖，衣长至膝下或及足。从流传下来的壁画等绘画作品中可以看到，劳动人民的袍衫较短，显然是出于劳动的需要，为了便于劳作，他们平时还会将袍角提起，扎在腰间。还有一种缺胯袍与缺胯衫，是在袍衫衣侧两胯处开衩，以利于行动。《旧唐书·舆服志》载：“开胯者，名缺胯衫，庶人服之。”因此，这种袍衫被作为一般庶民或卑仆贱役等低级阶层人的服装。同时，由于这种服装便于行军骑射，又成为军士的戎服之一。武官的缺胯衫上绣有各种纹饰，士兵的缺胯袍上是没有纹饰的。

靴子大多都是用皮革制成的，唐人穿的靴子一般是用六块皮革缝缀而成，看上去有六条缝，所以被叫做“六合靴”或“六缝靴”。此外还有一种吉莫靴，是用吉莫皮制成的靴子。张鹭《朝野佥载》卷三有云：“宗楚客造一新宅成……磨文石为阶砌及地，着吉莫靴者，行则仰仆。”

不管是幞头、缺胯袍还是靴子，都带有鲜明的异族特色。幞头在继承东汉以来幅巾的基础上又受到鲜卑帽的影响；缺胯袍是在旧式鲜卑外衣的基础上，参照西域胡服改革而成的一种北朝服装；靴子最大的特点是便于骑乘，所以在很长的历史阶段中一直被当做最典型的胡服，而“吉莫”很可能就是鲜卑语的音译。由此可见，此时的服饰是对北朝胡服系统的全面继承与发展。

（二）女服

与男子一样，唐朝对处于不同社会地位的女子也是有服制要求的，但是要相对简单一些。比如唐武德令规定：“皇后服有袆衣、鞠衣和钿钗礼衣三等。袆衣用于受册、助祭、朝会等最隆重的场合。鞠衣在亲蚕时穿着，而钿钗礼衣则用于宴见宾客。”（《中国风俗通史》）这可比皇帝的礼服少得多了。而对于命妇们日常家居所穿着的宴服，武德令规定：“妇人宴服，各依其丈夫或儿子的常服服色，地位高者可以穿卑下者的服色，但是地位低下的命妇不得穿高于自己丈夫、儿子品级的服色，即所谓‘上得兼下，下不得僭上’。”（《中国风俗通史》）由此看来，即使是开放如唐朝，女人也是处于从属地位，身份尊卑取决于男人的社会地位。

这一时期女子的服饰发生了较大的变化，有两个鲜明的特点：一是由保守、遮掩向开放、暴露转变；二是衣服的款式从紧身窄袖渐渐演变为宽松肥大。

穿襦裙及半臂的初唐宫女
陕西乾县唐永泰公主墓壁画

女帽的变化是最能体现第一个特点的。唐初妇女出行时流行戴幂䍦，这是北朝时从北方和西北传入的一种女帽，帽子周围垂下很长的纱帷称为帽裙，不但可以遮蔽脸容，骑在马上的妇女全身都可以被遮住，隐蔽性极强。大家可还记得根据李碧华的同名小说改编的电影《古今大战秦俑情》？当时无比年轻、无比清纯的巩俐姐姐扮演的童女冬儿与一众童男童女一起东渡，为秦始皇去求取长生不死药，冬儿和童女们出行时戴的就是幂䍦。一袭白衣，帽裙长及膝下，随风飘飘摇摇而来，不但看不清面目，连身形都模模糊糊，还真有点仙气。其实幂䍦本是胡羌民族的服饰，西北多风沙，幂䍦是用来遮蔽风沙侵袭的。可到了中原地区就已经失去了其原本的实用性，反而还起了遮挡视线的反作用，因此至高宗永徽时，幂䍦就逐渐被帷帽取代了。较之幂䍦，帷帽的帽裙要短很多，只到颈部，而且着者一般会将帽裙由两边后掠，露出面部。从新疆吐鲁番阿斯塔那唐墓中出土的头戴帷帽的俑就是这副打扮，看起来跟现在闽南惠安女头上的笠帽非常相似。再往后，世风更加开放，妇女干脆戴上了胡帽，毫不遮掩地把脸露了出来。胡帽就是“卷檐虚帽”，顶部高耸，帽檐部分向上翻卷，是一种男女通用的帽子。《旧唐书·舆服志》载：“武德、贞观之时，宫人骑马者，依齐、隋旧制，多著幂䍠。虽发自戎夷，而全身障蔽，不欲途路窥之。王公之家，亦同此制。永徽之后，皆用帷帽，拖裙到颈，渐为浅露。寻下敕禁断，实虽暂息，旋又仍旧……则天之后，帷帽大行，幂䍠之制渐息。开元初，从驾宫人骑马者，皆著胡帽，靓妆露面，无复障蔽。士庶之家，又相仿效，帷帽之制，绝不行用，俄又露髻驰骋，或有著丈夫衣服靴衫，而尊卑内外，斯一贯一矣。”由此可见女帽的发展轨迹。

与男子服装的基本搭配相类，女子服装也有其特定的基本构成，那就是裙、衫、帔。唐朝初年，女子服装流行窄衣小袖，上身着窄袖短襦，下配修身长裙，裙腰高系，给人一种俏丽修长的感觉。白居易《上阳白发人》诗云：“小头鞋履窄衣裳，青黛点眉眉细长。外人不见见应笑，天宝末年时世妆。”《安禄山事迹》下卷中也提到：“妇女则簪步摇，衣服之制，襟袖狭小。”中唐以后，受到“风姿以健美丰硕为尚”的影响，流行趋势骤变，开始流行广袖宽衣，甚至到了一发而不可收拾的地步。除此之外，妇女们还要在裙衫之外搭一条帔帛于肩背之上。整体看来，广袖阔衣，长裙曳地，帔帛飘飘，更显女性柔美轻盈的身姿和雍容华贵的气质。

至于鞋子嘛，种类可就多了去了，像是笏头履、重台履、平头履、雀头履、小头鞋、木履、麻履、草履、蒲履、珠履、金缕鞋、沉香履、半月履、飞云履、卧履等等等等。其中最常穿的当数高头履和线鞋。不过不管穿什么鞋，这时候的女子还是一水儿的天足大脚，没有裹脚这一说，所以穿越来的美眉们不用担心自己的一双脚会在这里吃不开啦！

女着男装，男为女饰——唐朝流行中性风

要看一个朝代的开放程度，看一下这个朝代的社会风气就可略知一二了。比方说社会上经常出现标新立异的人或事；再比如整个社会风尚都较之其他朝代来得新异，甚至会出现在其他朝代看来近似于疯狂的行为举动，而在这个朝代的人不但接受而且普遍认同甚至是争相效仿的，那么这个朝代就是比较开放的。唐朝就是这样一个开放的朝代，已经到了男女不分、雌雄混淆的程度，用李华老先生的话说："此乃妇人为丈夫之象，丈夫为妇人之饰，颠之倒之，莫甚于此。"（李华《与外孙崔氏二孩书》）这主要表现在两个方面——女着男装和男子化妆。

女着男装真可谓唐朝一道亮丽的风景线。这时候的女孩子穿男装可不像花木兰替父从军或是祝英台外出求学那么不得已而为之，而是纯粹以男装为美。要说男女服装绝不可混穿，否则就会被古人骂成"不守妇道"，像是被冠以"千古第一狐狸精"头衔的妹喜就因为喜欢戴男人的帽子而被三国时期的思想家傅玄斥为"夏朝亡国之由"，一个小癖好竟然和一个朝代的终结挂上钩，真是耸人听闻。而唐朝则不然，正是由于整个朝代的大气磅礴，孕育出了开放宽容的大国气度，使得妇女在社会上的地位也得到大幅度提高，大唐女性也形成了一种自由大胆的时尚之风。

要说这种女着男装的潮流还是起源于宫廷呢，据《新唐

《唐后行从图》 唐·张萱

画面体现了唐代官员冠冕服饰的风格。画中身穿青色交领礼服，头戴珠宝凤冠，腰系杂配，足穿装饰珠宝的云头履的，为女皇武则天。穿绯色圆领袍服，戴软巾长角镤头，黑色靴子的是官员。其中少数人是宦官，多数人是宫娥。宫娥均着男装而有耳环

书·五行志》记载：一次，唐高宗和武则天在宫内设宴，太平公主身着紫衫，佩玉带，头戴皂罗折上巾，身上佩戴着砺石、佩刀、火石等武官的七件饰物，以雄赳赳气昂昂的男子之姿在帝后面前载歌载舞。太平公主的这身装扮俨然就是标准的男装，所以引来高宗一问：“女子不可为武官，何为此装束？”太平公主分明就是一个引领时尚潮流的流行教母吖！再有，唐武宗经常让他宠爱的王才人和自己穿一样的衣服，以至于当他们在禁苑打猎时，“左右有奏事者，往往误奏于才人前”（《唐语林校证》），可皇帝老儿不但不生气，还以此为乐。

女人对于时尚的触觉是十分敏锐滴，这股风潮很快便流行开来，从宫廷侍女到士流之妻，无论尊卑贵贱，都开始以穿着男装为美。西安唐代墓葬中出土的“三彩男装女俑”和陕西永泰公主墓出土的“三彩骑马带犬狩猎俑”都是头

戴幞头、身着男袍的女子形象，虽然身着男装，可那婀娜多姿的身材、顾盼生情的表情，仍掩不住女子特有的娇媚风情，反而在男装的衬托下多了几分矫健洒脱的飒爽英姿。《旧唐书·舆服志》称："开元初，从驾宫人骑马者，皆著胡帽，靓妆露面，无复障蔽，士庶之家又相仿效。……俄又露髻驰骋，或有著丈夫衣服靴衫，而尊卑内外，斯一贯矣。"进士李廓也在《长安少年行十首》中写道："邀游携艳妓，装束似男儿。"其流行风气可见一斑。

如果女着男装是"妇人为丈夫之象"的最好诠释，那么下面咱们就该来说说"丈夫为妇人之饰"了。一提到唐朝的男儿，恐怕大家脑海里第一个闪现出的画面就是举杯望月、吟诗作对的翩翩才子形象吧。要说他们是如何把自己打造成这种飘逸俊美的品牌形象的，那就要看看人家的日常修炼了。要知道，唐朝男子对于姿容的在意可是一点都不输于女子的，那可是面霜、唇膏、熏香、簪花一样都不能少！

唐朝虽然没有现在的美容院，也没有抽脂、拉皮、美容、SPA等一系列高科技美容技术，但是制作考究的美容护肤品还是有滴，像是面脂、口脂就是具有滋润效果的面霜和唇膏。杜甫《腊日》诗称："口脂面药随恩泽，翠管银罂下九霄。"这里说的"口脂面药"，就是涂在唇部和脸部的防冻油脂。据《酉阳杂俎》记载，唐代皇帝在腊日赐臣下脂膏，盛以碧镂牙筒，即"翠管"。而所谓的面药、面脂都是可以让皮肤美白细腻的脸部护肤品。据说有个叫韦崟的风流好色之徒，听说朋友刚得了一个美丽俏佳人，他便赶紧沐浴更衣，极尽打扮之能事，"巾首膏唇而往"。（沈既济《任氏传》）还有一个叫卫玠的美男子，对于护肤保养的注意绝不在韦崟之下，竟然还自制面膜，"盥面用化玉膏及芹泥，故色愈明润，终不枯槁。"（《云仙散录》）

唐

《虢国夫人游春图》　唐·张萱

刚才说了个“时尚教母”太平公主，其实男子之中也有引领时尚潮流的人物，路岩就是其中之一。这位路大人生来相貌英俊，又善于修饰打扮，是风流人士们竞相效仿的对象。据说他戴的幞头样式很美，很快就流行开来，可他不屑于跟大家“撞衫”，干脆剪去了幞头脚，又成了独一份儿。看来要想引领时尚风潮不但要敢于标新立异，还要在大家开始纷纷仿效潮流的时候及时破旧立新，继续标新立异。哎，潮男潮女也不是好当滴！

以香薰衣也是唐朝男子注重仪貌的表现之一，尤其是上流社会的富贵人家皆以名香薰衣，颇有点现在男子喷香水的意思。另外，当时的男子也和女子一样簪花。《太平广记》引《羯鼓录》云：“琎尝戴砑纱帽打曲，上自摘红槿花一朵，置于帽上。其二物皆极滑，久之方安。随奏《舞山香》一曲，而花不坠……”这里的“琎”就是汝阳王李琎，“上”是指唐玄宗。王仁裕《开元天宝遗事》记载：“长安春时，盛于游赏，园林树木无间地。故学士苏颋应制云：‘飞埃结红雾，游盖飘青云。’帝览之，嘉赏焉，遂以御花亲插颋之巾上。时人荣之。”这里的“帝”也是唐玄宗，他把御花亲自插在苏颋头上，可见皇帝自己也是簪花的。

看来时尚这个东东还真是有历史循环的，我们现在正

流行的中性路线原来自古便已有之，莫不是早有喜欢中性打扮的朋友穿去唐朝了？亲们自小被各种流行风潮包围，怀揣看我七十二变之独门绝技，如今来到气度宽容的大唐王朝，自然可以好好大展一番拳脚啦！开个美容院、研发一款自主品牌的化妆品，包您赚个盆满钵满！

黥墨不是罪，文身只为潮——刺青

刺青就是文身，是用有墨的针刺入皮肤底层而在皮肤上制造一些图案和文字。它产生于世界各地原始部落民族纹饰肤体的习俗，可以代表一个人的个性和信仰。现如今各种文身工作室遍布街头，成为潮男潮女们展现自身个性的不错选择。一些大牌明星也好这口，像万人迷足球明星贝克汉姆就把妻子和儿子的名字文上身，表达对他们的爱意；美女大S不也在手上文了一朵小花吗。其实刺青作为一种潮流，并不是今天才有的，远在一千多年前的唐朝，它就已经是流行于民间的一种时尚了。

据记载，古代越人就有断发文身的传统习俗，那时候的文身作为一种图腾文化，更多的是包含着原始民族图腾崇拜的意味以及趋吉辟邪的功用。后来，这种精神层面的内容渐渐淡化，文身被赋予一种具体的功能——刑罚，也就是我们所熟知的黥刑，也叫墨刑。不过到了唐朝，一切都不同了，刺青的意义产生了本质的变化，渐渐成为一种流行时尚，很多人不但以身有刺青为傲，还会拿来相互比试。而且随着技术水平的不断提高，好的刺青作品还被当做艺术品来欣赏。看来唐朝人还真是会玩又敢玩吖！

唐代对刺青有几种叫法：札青、点青、肤札、镂身等。所刺的内容千奇百怪，图形、文字、人物、佛像等无所不有。段成式的《酉阳杂俎》中有这样的记载：“荆州街子葛清，自颈以下，遍札白居易诗。段成式尝与荆客陈至呼观之；令其自解。背上亦能暗记，反手指其札处，至‘不是花中偏爱菊’，则有一人持杯临菊丛；‘黄夹缬林寒有叶’，则指一树，树上挂缬窠，文绝细。凡札三十余首，体无完肤。陈至呼为‘白舍人行诗图’。”这位葛老兄可真不愧为白居易的超级Fans，如果他身上有足够的地方，估计会把白居易所有的诗都刺上去了吧？！“又有王力奴以钱五千，召工札胸腹为山池亭院，草木鸟兽，无不具悉，细若设色。”（《酉阳杂俎》）竟然把亭台楼阁、草木鸟兽都文在身上了，这不就等于在身上文了一幅山水画吗？还有更绝的呢，宋人陶谷在《清异录·针史》中说：“自唐末，无赖男子以札刺相高，或铺《辋川图》一本，或窃白乐天、罗隐二人诗百首；至有以平生所历郡县饮酒蒱博之事，所交妇人姓名、齿、行第、坊巷、形貌之详，一一标表者，时人号为针史。”要说这人也真是挺无聊的，竟然把生平经历的事都文在身上了，还全都是些吃喝嫖赌的荒唐事，真不明白哥是怎么想的！

前面提到一个在身上刺画的王老兄，那画刺得不但图案清晰，而且色彩鲜艳，简直是栩栩如生。这种高超的刺青工艺可不是谁都行的，赶紧八卦地打听一下出自何人之手吧。

在唐代，长安、成都、荆州是最出名的三大刺青之地。长安作为首都，自然是潮流风尚的发源地，在长安的市场上就有专业的“劄工”。不过，其工艺却不及成都和荆州。“蜀人工于刺，分明如画。或言以黛则色鲜，成式问奴辈，言但用好墨而已。”“荆州贞元中，市有鬻刺者，有印，印上簇针为众物，状如蟾蝎杵臼。随人所欲一印之，刷以石墨，疮愈后，细于随求印。”（《酉阳杂俎》）由此可见，成都的刺青以色彩鲜艳见长，是因为用的

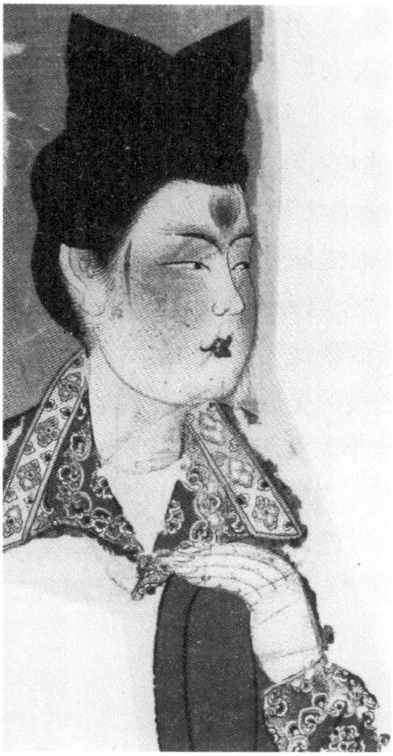
《胡服美人图》　唐·佚名

墨好；而荆州的刺青已经有了特定的模子，可以根据顾客的要求先用针排出图案，然后一次成型，一次性就可以完成刺青，不但减少了一针一针刺上去的痛楚，还可以让着色更加均匀，技艺之高超可见一斑。同时，由于市场需求的增加，刺青作坊应运而生，就相当于咱们今天的纹身工作室。

作为21世纪的潮男潮女，就算穿到唐朝也要继续保持将“潮”进行到底的精神，抓紧时间文个身去！且慢，您先看看当时刺青的“时尚弄潮儿”是哪些再说！蜀人有个叫赵高的市井混混，经常因为打架斗殴而被抓，但因为他在背上文了毗沙门天王像，行刑的官吏都不敢杖其背，赵高因此而有恃无恐，更加为害坊市。当时李夷简正在蜀为官，得知后勃然大怒，令人将赵高擒来，用杖刑将赵高打了三十多棍还不解恨，直把天王像打得稀烂。过了一段时间，赵高故意袒露着身子挨家挨户叫呼，讨要“修理功德钱”。晕，这种理由都能让他想出来，真是让人哭笑不得了！另有年少从军的崔承宠“遍身刺一蛇，始自右手，口张臂食两指，绕腕匝颈，龃龉在腹……然酒酣辄袒而努臂戟手，捉优伶辈曰：‘蛇咬尔。’优伶等即大叫毁而为痛状，以此为戏乐。”由此可见，唐代刺青者以市井流氓、无赖恶少和军士兵卒为多，尤其是到了唐朝末期，市井恶少甚至以刺青作为团伙的标记，凭借强力欺行霸市、为非作歹。

说到这里，还有一则题外话。据说一代美女加才女上官婉儿曾经因为惹怒武则天而被处以黥刑，美女粉嫩嫩的额头上顶着一个犯罪的标记，这对于一个女人来说无异于是毁容性的打击吖！为了遮掩疤痕，婉儿就在伤痕处刺了一朵红色的梅花进行遮掩，反而愈发娇媚。宫女们越看越喜欢，有人就偷偷用胭脂将前额点红效仿，一时之间竟风靡开来，成了少女们喜欢的“红梅妆”。《酉阳杂俎》中有载：“今妇人面饰用花子，起自昭容上官氏所制，以掩点迹。”“昭容上官氏”指的就是上官婉儿，因为受刑而误打误撞发明出一种时尚妆容，引得一众爱美的美眉们争相跟风，恐怕连上官婉儿本人都没想到吧！看来婉儿不但是个才女，还有进军时尚界的潜力呢！

刺青自唐代传入日本，有诗云：“长安少年多英雄，胴臂竞相比雕青。精刺五彩多奇妙，东传扶桑有遗风。”

【住】

逛街要有时间观念，买房要有等级意识

宵禁下的世界第一国际大都市——定居长安城

如果您的这次穿越之旅足够幸运，好巧不巧正好穿到长安，那么恭喜您，您已经来到了世界上No.1的国际化大都市！要说什么样的城市才称得上"国际化大都市"这个闪闪发光的头衔呢？首先要够大，人够多够挤；其次要够繁华、够时尚、够发达；还要引得世界各地的外来人口前赴后继……想想纽约、巴黎、伦敦、香港、上海，有哪一个不是如此这般？而在唐朝，都城长安就是这样一座国际化大都市，并且就算放眼世界，它也是首屈一指的！它完全有底气趾高气扬、傲视群雄，自豪地拍着胸脯高呼："哥就是老大！"

空口无凭，咱们用数字来说话。唐朝长安城的面积约为84平方公里，相当于现在西安城的7倍，明清北京城的1.4倍，古代罗马城的7倍，公元447年所修君士坦丁堡的7倍，公元800年所修巴格达的6.2倍。如果用世界上最大的城市来形容长安，那可是一点都不夸张滴！不仅如此，当时长安人口已经超过百万，是世界历史上第一个达到百万人口的大城市。在这些人中，外国商人、使者、留学生、僧侣等总数不下3万人。当时来长安与唐通使的国家和地区多达300个。长安就像一块巨大的磁石，以其雍容雅度的大国之姿吸引着各方来朝。唐朝优越的科技文化、政治制度、饮食风尚等从这里传播向世界各地；而西方文化也在这里经过吸收、消化、融合、再创造之后又传向亚洲其他国家和地区。从这个意义上来说，长安不但是东西方经济、文化交汇融合之地，还是一个大大的中转站，在这里可以获取世界各地的第一手新闻，也是时尚潮流的发源地，世界中心的地位当之无愧。

既然来到这么给力的地方，那咱们可得抓紧时间熟悉地形，否则一个不小心撞错了庙门，可就当真混不下去了。

长安城可以分为三个部分：宫城、皇城、外郭城。宫城就是皇帝日常起居和办公的宫殿区，包括太极宫、大明宫和兴庆宫三处宫殿建筑群，也称“三大内”。宫与宫之间有夹城相接，以便皇帝游兴往来。皇城又称“子城”，位于宫城以南，是中央各部门及其附属机构的官署区。外郭城就是老百姓们的居民区了，如同棋盘一样被东西向、南北向的街道划分为一个个“豆腐块”，这些“豆腐块”就是城市里最基层的行政管理单位，统称为“坊”。坊四周筑有高墙，每个坊内又可以划分为若干个小区。唐朝是施行规范而严格的封闭式管理的，所谓“日出而作日落而息”，到点就请乖乖回家睡觉去，喜欢夜生活的亲们注意啦，晚上回家一定要把握好时间，

因为每天晚上坊门关闭以后，就严禁出入了。每个坊都由坊正负责开关坊门，左右街使负责治安，并设有武侯铺，也就是片警，是基层的治安消防机构。由此不难看出唐朝的城市规划，一是将宫殿区、官署区、居民区分割开来，不相混淆；二是全城市容横平竖直、整齐划一；三是以坊为单位，

便于管理。这种城市规划形制被当成都城建设的典范，也影响了当时邻近国家的都城建设，如日本国的平城京和平安京、渤海国上京龙泉府都仿效了长安城的形制。

慢着慢着，这看来看去怎么好像都少点什么呢？睡觉的地方是有了，可吃喝玩乐、shopping消遣的地方在哪儿呢？就算是封闭管理，也得满足大家的日常所需吧？就算没有shopping mall，总得有个market吧？这个可以有！东、西两市就是长安城里专门从事经济活动的商业区，两市各占两坊之地，各种店铺、作坊都集中在这两个区域。据考证，东市就分布在今天的西安交通大学以西、西安铁路局以北的地方。由于靠近三大内，周围坊里多是皇室贵族和达官贵人的豪宅，因此东市里经营的商品以上等的奢侈品为主，“四方珍奇，皆所积集”（《长安志·东市》），以满足有钱人的购买欲。相比较而言，西市的商业活动明显要比东市繁荣活跃得多，是长安城的主要工商业区和经济活动中心。西市周围坊里居住的多是平民百姓，因此西市里经营的商品主要是衣、烛、饼、药等日常生活用品。同时，西市离长安丝绸之路的起点较近，很多外商也在西市设店立铺，使得西市成为了一个国际性的商品交易市场，故此也有“金市”之称。西市进行的是封闭式的集中交易，也就是将若干个同类的商品聚集起来，以“肆”或“行”、“店”为单位组成，并设有专门的管理机构市署和平准署进行管理。新来的亲们要注意啦，东西两市都是实行严格的定时贸易和夜禁制度的，逛街要有时间观念哦！

综观整个长安城，以朱雀大街（北起皇城朱雀门，南抵长安城南明德门）为中轴线，分为东西对称的两部分。朱雀大街宽约150米，是北京长安街宽度的2倍。这么宽敞宏大的街道，在古今世界都城中都是绝无仅有的，因此又被称为“天门街”或“天街”。白居易有诗为证：

过天门街

雪尽终南又欲春，遥怜翠色对红尘。

千车万马九衢上，回首看山无一人。

民宅不准装修，官宅也有限制——大唐的“限购令”

玩转了城市地形之后，就得来点实际的了——穿越而来也得有地儿栖身、有片瓦遮头吖，那咱们就去解决一下住房问题。哎，其实不管身处哪个朝代，房子都是关系民生的头等大事之一，都是几家欢喜几家愁啊！

之前就曾提到过，唐朝是个等级森严的朝代，体现在住房问题上，阶级特点仍然非常鲜明，贵族官僚与平民百姓的住宅真可谓天壤之别，不同等级的人享受不同级别的住宅是由政府法令明文规定的，豪门与寒舍的大小、形制都被作为法令详细地罗列了出来。正如《唐六典·左校署》记载的：“凡宫室之制，自天子至于士庶，各有等差。”

据唐朝颁布的“营缮令”规定，“王公以下，舍屋不得施重栱藻井。三品以上堂舍，不得过5间9架；厅厦两头门屋，不得超过5间5架。五品以上堂舍，不得过5间7架；厅厦两头门屋，不得超过3间2架。六品、七品以下堂舍，不能超过3间5架；门屋不得超过1间2架。平常百姓的住宅堂舍不得过3间4架；门屋限1间2架。平民住宅不得有装饰”。（《中国风俗通史》）

许敬宗像

李德裕像

同时，对于百姓的住宅面积也是有规定的，如果家庭成分好、是良人的，三口以下给地一亩，每增加三口就增加一亩；如果家庭成分不好、属于贱人的，五口人才给地一亩。也就是说百姓也分三六九等，也要根据自己所处的等级区分宅基地的大小。

不过法令归法令，实际实施起来可就不是那么回事了。武则天的男宠张易之家的中堂“红粉泥壁，文柏帖柱，琉璃、沉香为饰”，用钱数百万。（《朝野佥载》）许敬宗曾造飞楼七十间，“令妓女走马于其上，以为戏乐”（《太平广记》）。郭子仪的住宅占了全坊之地的四分之一。元载的宅第“室宇奢广，当时为冠”（《新唐书·元载传》）。不仅如此，很多达官贵人的宅第中还建有私家园林。宰相裴度“立第于集贤里，筑山穿池，竹木丛萃。有风亭水榭，梯桥架阁，岛屿回环，极都城之胜概”（《旧唐书·裴度传》）。另一位宰相李德裕的住宅“舍宇不甚宏侈，而制度奇巧。其间怪石古松，俨若图画”（《太平广记》）。营造豪宅的风潮一浪高过一浪，以至于皇帝不得不出手加以限制。唐文宗就曾下诏限制逾制营造豪宅，否则将“委御史台弹纠，必严加黜责”（《册府元龟·帝王部·发号令》）。不过“上有政策下有对策”，既然城市里不让建豪宅，那就到郊区修个别墅玩玩吧，偶尔度个假散个心搞个家庭聚会什么的，也是很不错滴呀！就是刚刚那位李德裕老大人，有个叫做“平泉庄”的别墅区，《剧谈录》云：“去洛城三十里，卉木台谢，若造仙府。有虚栏，前引泉水，萦回穿凿，像巴峡洞庭十二峰，九派迨于海门。竹间行径有平石，以手摩之，皆隐隐见云霞、龙凤、草树之形。”安乐公主侵夺百姓庄园，自凿“定昆池”，广植花草，引流凿沼，垒石为山，引水为涧，穷尽天下壮丽之能事。

与上述豪门大户相对的，就是贫民房屋，虽然有明确的法令规定，但实际的房屋面积往往达不到规定。住室狭小、空间局促是必然的，甚至“半空架版，垒垛箱筥，分寝儿女”，不就等于自制的上下铺嘛！这还算是有片瓦遮头的，更有甚者只能在茅草屋中度日。杜甫的《茅屋为秋风所破歌》就非常形象地描述了这种不能遮蔽风雨的茅草屋：“八月秋高风怒号，卷我屋上三重茅……布衾多年冷似铁，娇儿恶卧踏里裂。床头屋漏无干处，雨脚如麻未断绝。自经丧乱少睡眠，长夜沾湿何由彻。安得广厦千万间，大庇天下寒士俱欢颜！风雨不动安如山。呜呼！何时眼前突兀见此屋，吾庐独破受冻死亦足！”地位的高低、贫富的差距，都是造成住房两极分化严重的因素，只不过富人们是主动逾制，而贫民是不得不违制罢了。

就一般的民居住宅来说，大多是有中轴线和左右对称的狭长四合院模式，西安出土过一套陶宅院模型可为例证。另外，由于北方游牧民族文化的影响，毡帐也在这一时期颇为流行，像太子李承乾就喜欢仿效突厥生活，在皇宫中搭起了突厥毡帐；白居易也在洛阳家中支起了青毡帐，并作诗赞许之。看到这里，喜欢野外露营的亲们恐怕要扼腕大呼了：“早知道是这么个情况，真该带顶帐篷来吖！悔之晚矣！悔之晚矣！”

【行】

“驴友”出行全攻略

“公务员”免费吃用，百姓不得入内——驿馆

如果您是一位驴友，好不容易来趟唐朝（以后还有没有机会来可就只有天知道了），一定是迫不及待要去各名山大川游历一番了吧？行，没问题！不过，请作好充分的思想准备，飞机、火车是肯定没有滴，TAXI是招得手抽筋也招不到的，星级宾馆嘛……想都不要想啦！您出行无非就是水路和陆路，如果是走水路，自然有舟船伺候着；如果是走陆路，基本靠畜牲驮着或者畜牲拉着的车辆，这才是唐时的主要出行工具。但是，不管您选择水路还是陆路，出门在外住宿问题都不是问题，因为唐朝的旅馆业及其配套设施已经非常发达了。

这一时期，驿传制度空前发达，驿馆遍布天下。据《唐六典·兵部下》记载：“凡三十里一驿。天下凡一千六百二十有九

《饮马图卷》　宋·赵孟頫

所，二百六十所水驿，一千二百九十七所陆驿，八十六所水陆相兼。”其实“驿”和“馆”还是有些差异的，“驿”是承担通信、接待、运输等职能；“馆”是在驿之外设置的主管接待的处所，有时沿用旧制的“亭”。此时驿馆已经囊括了所有这些功能，陆驿备有马匹，水驿备有舟船，以供官吏往来及文书传递，并为出行官员提供食宿。“概所以供驿长、驿夫，以及往来官吏，休息食宿之地也。”（《唐代社会概略》）所以驿馆有时也被叫做传舍、驿舍等。

最初驿馆是设在城内的，但是唐朝实行封闭式管理，夜晚关闭城门之后对于传递公文情报及接待往来十分不便，所以驿馆便由城内移至城外。刘禹锡在《管城新驿记》说：“先是，驿于城中，马日遽不时，四门牡键，通夕弗禁。请更于外，遂永便安。制曰：可。”岑参在《虢州郡斋南池幽兴，因与阎二侍御道别》有云：“夜眠驿楼月，晓发关城鸡。”在城外的驿馆中可以听到城里的雄鸡唱晓，可见两者距离不远。一般来说，驿馆多设于大道要冲或依江傍河。韦迢《潭州留别杜员外院长》诗云：“江畔长沙驿，相逢缆客船。”张说《还至端州驿前与高六别处》曰：“旧馆分江日，凄然望落

晖。”岑参的《题金城临河驿楼》更为直观：“古戍依重险，高楼见五凉。山根盘驿道，河水浸城墙。”

同时，驿馆的规格也分为三六九等。都亭驿设在长安和洛阳，是使节与官员汇聚之地，规格为最高；其他各地驿馆根据道路交通流量的大小分为六个不同等级。驿馆中都配备相应的配套设施，如厨房、仓库、马厩等。庐州同食馆“厩屋宏大，中敞作南门，容旌旗驷马”。马嵬驿甚至还设有佛堂。可见级别较高的驿馆连配套设施都高级一点。相反的，很多偏僻道路上的驿馆的配置就较为简单了，如杜牧《将出关宿层峰驿却寄李谏议》中写到的那样：“孤驿在重阻，云根掩柴扉。”但是，不管是何种规格的驿馆，提供的服务全部免费！

看到这儿您肯定乐坏了，竟然还有这种天上掉馅饼的好事？！那咱一定得去住住，还得一晚换一个地方住！如果您是当官的，因公出差，那当然没问题；可如果您只是个小老百姓，对不起您嘞，请做好被扔出门去的准备吧。因为驿馆都是官办、官管、官用，就连官员家属都不能入住的。《唐会要·馆驿》说：“如有家口相随，及自须于村店安置，不得令馆驿将什物饭食草料，就等彼供给拟者。”人家是专门针对官家提供的一条龙服务，您可不具备享受免费午餐的资格，还是趁着天没黑，赶紧找家客栈吧！

一部《龙门飞甲》，又把大家的记忆带回到多年前的《新龙门客栈》，这恐怕是古今中外最知名的一家客栈了。当然，还有在无数反映不同朝代的影视剧中屡屡出现的那家“悦来客栈”，也完全可以轻松跻身古代客栈排行榜的前几位。不过在唐朝，客栈更多的被称为逆旅、客舍、邸舍、村店、馆舍等等。如前文中提到的“如有家口相随，及自须于村店安置”，就是说官员的随行家属也要像出行的普通老百姓那样找旅店自行解决住宿问题。

“逆”古语中为“迎接”，“旅”意为“旅人、行者”，“逆旅”即“迎接旅人”的意思，不是旅店还能是什么？刘长卿《早春赠别赵居士还江左，时长卿下第归嵩阳旧居》诗云：“逆旅乡梦频，春风客心碎。”《太平广记》中记述的许多故事，就是在逆旅中发生的。例如《太平广记》第二十四卷提到唐朝开元年间，著名文人萧颖士在陈留郡的逆旅中遇到了一位327岁的老翁，跟他谈当年和颖士八世祖交往的事。由此可见，唐朝的旅店业是非常兴旺的，这跟唐朝内外贸易发达不无关系，商旅等流动人口的大大增加使得旅店的市场需求增加，旅店业也就成了一个十分赚钱的行业。

旅店也像驿馆那样遍布各地，但分布更加灵活，大小城镇、道路侧近都可见旅店的身影，有的甚至就跟驿馆设在一起，或者设在驿馆与驿馆之间。旅店是向所有出行之人开放的，除了提供食宿之外，还有租赁及出售畜力的服务。《通典·历代户口盛衰》：“东至宋汴，西至岐州，夹路列店肆待客，酒馔丰溢。每店皆驴赁客乘，倏忽数十里，谓之驴驿。”

这么看来，如果您不做驴友，开家旅店也是不错的选择吖！充分运用现代经营管理理念以及包装宣传手段，弄个别出心裁的主题式酒店，或者在全国范围内开连锁酒店，保准比新龙门客栈和悦来客栈要火得多啦！

看看唐朝的行李箱内有些“虾米”——远行必备

虽然出行不是那么方便，可是作为具有挑战和探险精神的新一代驴友，该出走时就出走那是必须滴！但说走就走那绝对不行。赶紧打个包吧，准备准备再出门！唐朝人出门远行都要带些“虾米”呢？看看他们的旅行包就知道啦！

首先，唐朝也是有行李箱的，当时称之为“被袋”或“被囊”，是放被褥、衣服等的行李袋。李匡义《资暇集》卷下：“被袋，非古制，不知孰起也。比者远游行则用。大和九年，以十家之累者，逦迤窜谪，人人皆不自期，常虞仓卒之遣，每出私第，咸备四时服用。旧以细革为腰囊，置於殿乘，至是服用既繁，乃以被袋易之，成俗于今。大中已来，吴人亦结丝为之。”可见被袋可以存放四季衣物，是远行必备物品之一。除了大个儿的行李箱，还有一种较为小巧的“照袋”，是出行之人随身携带的盛放文具杂物的袋子，可以算是手提袋吧。照袋一般都是皮革为之，“四方，有盖并襻”。宋人陶谷在《清异录·方便囊》中有载：“唐季王侯竞作方便囊，重锦为之，形如今之照袋。每出行，就置衣巾篦鉴香药辞册，颇为简快。”看来这个“方便囊”的名字真是名副其实！

其次，雨具也是出行的必备物品。这一时期的雨具主要是雨伞和雨衣。雨伞当时是在纸上涂桐油制成的油纸伞。关于油纸伞实际出现的时间史料记载并不明朗，但在唐朝时期，油纸伞已经传入日本、朝鲜等地，可见唐朝是有这种可以遮雨的油纸伞的。而且据江西省婺源县的旧县志记载，婺源县北部的清华镇始建于唐朝，其制伞工艺有如它的历史一般悠久。自唐宋时期，镇上已有制伞工匠数人，为大户人家制作婚嫁用的油纸伞以及遮雨伞。可见当时已出现了专门制作雨伞的工匠。雨衣在当时被称为“油衣”，据《大唐新语》记载：“谷那律，贞观中为谏议大夫，褚遂良呼为‘九经库’。永徽中，尝从猎，途中遇雨。高宗问：‘油衣若为得不漏？’那律曰：‘能以瓦为之，不漏也。’意不为畋猎。”这里已经把油衣可以挡雨的功用说得很清楚了。

除此之外，还有一些随身必备的药品，像是备急丸、辟鬼丸、生肌药、甘湿药、疗肿药以及辟蛇毒、蜂蝎的药物等等。这些药品可是唐代药王孙思邈老先生强力推荐的，很给力很权威，不得不备，不得不备！

行囊收拾完毕，准备出发！

唐人出远门之前还有一件很重要的事要做——饯别。要知道当时出行可不是中午打个飞的去伦敦喂鸽子，晚上再飞回来那么高效，动辄都要数十天乃至数月，怎么都要和亲人朋友们告别一下吧。饯别就给了人们这么一个释放情感的渠道。韦应物《送宣州周录事》诗：“英豪若云集，饯别塞城阃。”折柳相赠是这一时期送别时的一个重要环节，“折柳”寓有“惜别”之意，“柳”与“留”谐音，可以表示挽留之意，一是不忍分别，二是永不忘怀。更重要的是，柳树与其他树木相比，更能适应环境，更易存活，便以此来祝愿离人到了新的环境之后可以随遇而安、一切顺遂。正像清朝褚人获在《坚瓠广集》卷四中提出的那样：“送行之人岂无他枝可折而必于柳者，非谓津亭所便，亦以人之去乡正如木之离土，望其随处皆安，一如柳之随地可活，为之祝愿耳。”一条小小的柳枝中竟然蕴含着如此丰富的含义，成为一种流行于民间的习俗也就不难理解了，尤其对于文人墨客来说，更成为一种时尚。王之涣《送别》诗云：“杨柳东风树，青青夹御河。近来攀折苦，应为离别多。”白居易《青门柳》：“为近都门多送别，长条折尽减春风。”鱼玄机《折杨柳》：“朝朝送别泣花钿，折尽春风杨柳烟。”

送别的地点大多是在郊外、桥头、大堤或者长亭。除了折柳相赠，饯别酒也是少不了的，肚子里有点墨水的当然还要吟诗赋词一番，有时候还要吹吹笛、唱唱歌。李白《塞下曲》“笛中闻折柳，春色未曾看”便可为证。当时关于送别的乐曲榜单上最有名的应该算是《渭城曲》，又称《阳关三叠》。其实这本是人家诗人王维写的一首诗，后由乐人谱入乐府，便成了送别曲，在吟唱时要把最后一句“西出阳关无故人”反复重唱，故被称为《阳

《藏云图》　明·崔子忠

关三叠》。另外还有《杨柳枝词》，是唐朝教坊曲名，作者多以此题咏柳，借以表达离别依依之情。刘禹锡曾做《杨柳枝词》九首，其中一首为："城外春风吹酒旗，行人挥袂日西时。长安陌上无穷树，唯有垂杨管别离。"

既然有送行时的饯别，相对的，迎接离人归来的接风洗尘也是必不可少的，当时叫做"软脚"，亦作"輭脚"。"归宅亲故来软脚，开筵列馔广铺陈。"（《敦煌变文集·捉季布传文》）"帝常岁十月幸华清宫，春乃还，而诸杨汤沐馆在宫东垣，连蔓相照，帝临幸，必徧五家，赏赉不訾计，出有赐，曰'饯路'，返有劳，曰'软脚'。"（《新唐书·外戚传·杨国忠》）这倒跟现在北方"出门饺子进门面"的习俗有一拼。

不知道"童鞋"们出外旅行时有没有发现过这种现象，在一些名胜古迹或者人气很旺的景点往往会看到"某某某到此一游"、"某某某爱某某某"、"某某某，我来了！某某某"等涂鸦。在这里要小小的呼吁一下，这种留言是不予提倡滴，"童鞋"们要爱护公物、保护名胜古迹哦！不过这种风潮古已有之，当时被叫做"题壁"，也就是在墙壁上题诗写字。到了唐朝，这种风潮达到最盛。庙宇寺观、旅店酒肆、桥头村木……只要是能下得去笔的，都成了题壁之所在。前文“关宴”一节中提到过进士们于关宴之后登临大雁塔题壁留念，而对于出门在外的人，于驿馆、旅店题壁则更为普遍。

题壁的地点选择多多，内容更是丰富多彩，有题记、诗歌、唱和之作，不仅写自己的原创作品，还会引用他人的佳作，例如当时白居易的诗“二十年间，禁省寺观、邮候墙壁之上无不书”（《白氏长庆集序》）。元稹出使东川时曾在骆口驿见到李逢吉、崔韶的题名与白居易、王质夫的题诗。他在《使东川·骆口驿二首》序云：“东壁上有李二十员外逢吉、崔二十二侍御韶使云南题名处，北壁有翰林白二十二居易《拥石》、《关云》、《开雪》、《红树》等篇，有王质夫和焉。王不知是何人也。”其一云：“邮亭壁上数行字，崔李题名王白诗。尽日无人共言语，不离墙下至行时。”旅途寂寞，连个说话聊天的人都没有，观摩题壁倒可以排遣寂寞、打发时间，甚至更甚于与人交谈，因此直到不得不动身，才依依不舍地离开。白居易在《酬和元九东川路诗十二首·骆口驿旧题诗》中唱和道：“拙诗在壁无人爱，鸟污苔侵文字残。惟有多情元侍御，绣衣不惜拂尘看。”不管是何种写作形式，题壁的内容大多是表达心情或叙述旅途见闻之作。咦，原来古人也有织围脖的习惯捏！！

其实所谓的“题壁”也并非都是直接书写在墙壁上的，还有的是先写在诗板上，然后挂起来。诗板亦作“诗版”，张祜《题灵彻上人旧房》诗：“寂寞空门支道林，满堂诗板旧知音。”在长安至四川途中的飞泉亭，就有“诗板百余”；很多地方都备有诗板，以供人题咏。试想如果没有诗板，以唐人如此重诗文、如此流行题壁的状态来看，恐怕没有几处墙壁是完好的了！

【生】

皇帝的生日，放假三天！

送贺卡办PARTY样样都不少——民间庆生风俗

“祝你生日快乐，祝你生日快乐，祝你生日快乐，祝你生日快乐！”听到这熟悉的旋律，您马上就能猜到，这肯定是有人在过生日了。如今各种庆祝生日的方式花样百出，但唱生日歌、吹蜡烛许愿、切蛋糕似乎还是必不可少的基本环节。其实在唐朝，生日也是备受重视的一个特殊日子，不管条件优的还是劣的，都是要想法子庆祝一番的。

庆祝方式一：写贺卡。王建《宫词一百首》有云：“圣人生日明朝是，私地教人属内监。自写金花红榜子，前头先进凤凰衫。”所谓的“榜子”，据欧阳修《归田录》卷二记载：“唐人奏事，非表非状者，谓之榜子。”用金花纸写红榜子，相当于亲手制作生日贺卡嘛，而且这种贺卡显然非常精美，因为是送给圣上的，自然

《望贤迎驾图轴》　南宋·佚名

该图描述的是唐安史之乱后，唐肃宗在陕西咸阳望贤驿，迎接由蜀归来的太上皇李隆基的故事

不可等闲视之喽！古人一般将生男孩叫做“弄璋之喜”，生女孩叫做“弄瓦之喜”。据说奸相李林甫肚子里没多少墨水，恰逢他的表亲中有人生了儿子，为了表示祝贺，李林甫也附庸风雅写信祝贺，却把“弄璋之庆”写成了“弄獐之庆”，一字之差，谬之千里，成为一时笑谈。

庆祝方式二：送礼物。天宝十年正月初一正好是安禄山四十八岁生日。干儿子过生日，干爹唐玄宗和干妈杨贵妃可不能含糊，看看他们送的礼物，件件都是价值连城的宝贝。唐玄宗送了“金花大银盆二，金花银双丝平二，金镀银盖椀二，金平脱酒海一并盖，金平脱杓一，小马脑盘二，金平脱大盏四，次盏四，金平脱大玛脑盘一，玉腰带一，并金鱼袋一，及平

脱匣一，紫细绫衣十副，内三副锦袄子并半臂，每副四事，熟锦细绫三十六具”。杨贵妃送了“金平脱装一具，内漆半花镜一，玉合子二，玳瑁刮舌篦、耳篦各一，铜镊子各一，犀角梳篦刷子一，骨合子三，金镀银盒子二，金平脱盒子四，碧罗帕子一，红罗绣帕子二，紫罗枕一，毡一，金平脱铁面枕一，并平脱锁子一，银沙罗一，银鏂椀一，紫衣二副，内一副锦，每衣计四事件”。哎，真是无语，这就是传说中的有钱人吗？！

庆祝方式三：设宴欢庆。《太平广记》中有这样一个故事：唐朝营丘有个姓陈的富豪陈癞子，家中藏钱万贯，每年五月他过生日时，就会大手笔地请僧道来家里置办斋筵，还会把歌舞百戏都备齐了，边吃边喝边欣赏表演。吃饱喝足之后，还会赏给伶人们很多钱。那规模，放眼望去可比咱们现在的寿宴排场大多了。

全民都爱皇帝过生日——“诞节”

不管民间的庆生活动如何豪奢，终归还是比不上万乘之尊过生日的排场。在唐朝，皇帝老儿的生日不但是全国上下普天同庆的大喜日子，还被划归为国家法定节假日，全国放假三天，这一节日被称为“诞节”。

创建这一节日的是唐玄宗李隆基，宋代洪迈《容斋随笔》有云：“古无降诞受贺之礼。诞节之制，起于明皇。”《旧唐书·玄宗

唐玄宗　李隆基

本纪》载："开元十七年八月癸亥，上以降诞日，宴百僚于花萼楼下。百僚表请以每年八月五日为千秋节，王公以下献金镜及承露囊，天下诸州咸令宴乐，休暇三日，仍编为令。从之。"不但可以放假，还能开party、收礼物，更重要的是，让老百姓对皇帝的偶像情结、个人崇拜更加强化，何乐而不为呢？当然照准啦！从此，"诞节"就成了一个惯例沿袭下来。

庆贺"千秋节"的活动当然是热闹非常，皇帝照例要大宴群臣，群臣要向皇帝进万寿酒，祝贺皇帝万寿无疆。在宴会时大臣们还要赋诗唱和。唐玄宗曾作《千秋节宴》："兰殿千秋节，称名万寿觞。风传率土庆，日表继天祥。玉宇开花萼，宫县动会昌。衣冠白鹭下，帟幕翠云长。献遗成新俗，朝仪入旧章。月衔花绶镜，露缀彩丝囊。处处祠田祖，年年宴杖乡。深思一德事，小获万人康。"

当然啦，在这种场合怎么能少得了宫廷乐舞演出助兴呢？有郑嵎《津阳门诗》为证："千秋御节在八月，会同万国朝华夷。花萼楼南大合乐，八音九奏鸾来仪。都卢寻橦诚龌龊，公孙剑伎方神奇。马知舞彻下床榻，人惜曲终更羽衣。"可见不但有歌舞合乐，还有剑伎、马伎等百戏杂伎表演，真可谓热闹非凡！不仅宫廷如此，地方州县也要举行大规模的庆贺活动，这也无形中给了地方官员搜刮百姓的借口和机会。

后来“千秋节”改名为“天长节”，取“人寿比天长，千秋无限期”之意。自此，唐朝除了五个皇帝没有设置专门的“诞节”名称外，其他皇帝过生日都有了专门的节日名称（详见附表）。

附表：

皇帝庙号	诞节名称
唐玄宗	千秋节，后改名天长节
唐肃宗	天成地平节
唐代宗	天兴节
唐德宗	无
唐顺宗	无
唐宪宗	无
唐穆宗	无
唐敬宗	无
唐文宗	庆成节
唐武宗	庆阳节
唐宣宗	寿昌节
唐懿宗	延庆节
唐僖宗	应天节
唐昭宗	嘉会节
唐哀帝	乾和节

唐

【老】

百岁老人是个宝

谎称奶奶去世是犯罪行为——以孝治天下

唐朝奉行“以孝治天下”的基本国策，在总结历代“孝治”经验的基础上，采取多种措施，积极推行“孝治”。上至天子，下至庶民，皆以孝为荣；从理论到舆论到法律规定，从选拔官员到彪炳史册，孝道渗透到了日常生活中的方方面面。

唐朝对于“孝治”的实践，既体现了统治者对于儒家传统中讲究孝道的继承，也反映了统治者希望天下由孝及忠、移孝于忠，从而谋求统治上长治久安的愿望。

事不宜迟，咱们赶紧去看看，统治者是如何出招，将“孝治”进行到底的吧。

第一招：寻找理论依据，进行思想教化。《孝经》是儒家的重要经典之一，其核心就是在家行孝，对国尽忠，事

《孝经图》 宋·佚名

亲孝就能事君忠。唐朝统治者自然不会放过这么好的教材，唐玄宗就先后两次亲自注解《孝经》。他在《孝经注序》中说："圣人知孝之可以教人也，故因严以教敬，因亲以教爱。于是以顺移忠之道昭矣，立身扬名之义彰矣。"还规定"《孝经》德之本，学者宜先学"。将《孝经》和《论语》并驾，作为学校的必修课，同时还要求每家每户都要有一本。在一些重大的礼仪活动上，讲论《孝经》也是必不可少的。据《旧唐书》记载："其年（690）二月，（武）则天又御明堂，大开三教。内史邢文伟讲《孝经》，命侍臣及僧、道士等以次论议，日昃乃罢。"社会上层对于《孝经》的重视，使其推广到民间，很给力地起到了教化作用，使得唐代社会的孝道意识明显加强。《旧唐书》中有这样的记载："开元中，（韦景骏）为贵乡令。县人有母子相讼者。景骏谓之曰：'吾少孤，每见人养亲，自恨终天无分。汝幸在温清之地，何得如此？锡类不行，令之罪也。'因垂泣呜咽，仍取《孝经》付令习读之，于是母

李隆基隶书石台孝经

子感悟，各请改悔，遂称慈孝。”

第二招：皇家垂范，树立榜样。由于天子是天下平民之表率，他们自然十分在意树立自己“孝道”的形象。如唐高宗，“太宗将伐高丽，命太子留镇定州。及驾发有期，悲啼累日，因请飞驿递表起居，并递敕垂报，并许之……及军旋，太子从至并州。时太宗患痈，太子亲吮之，扶辇步从数日”（《旧唐书》）。又如唐肃宗，“十二月丙午，上皇（玄宗）至自蜀，上（肃宗）至望贤宫奉迎。上皇御宫南楼，上望楼辟易，下马趋近楼前，再拜蹈舞称庆。上皇下楼，上匍匐捧上皇足，涕泗呜咽，不能自胜。遂扶侍上皇御殿，亲自进食；自御马以进，上皇上马，又躬揽辔而行，止之后退”（《旧唐书》）。在选择皇位继承人的问题上，“孝道”也是不可或缺的标准之一。唐太宗《遗诏》称“皇太子治，大孝通神，自天生德”；唐玄宗《命皇太子即皇帝位诏》称肃宗“睿哲聪明，恪慎克孝，才备文武，量吞海岳”。纵观唐

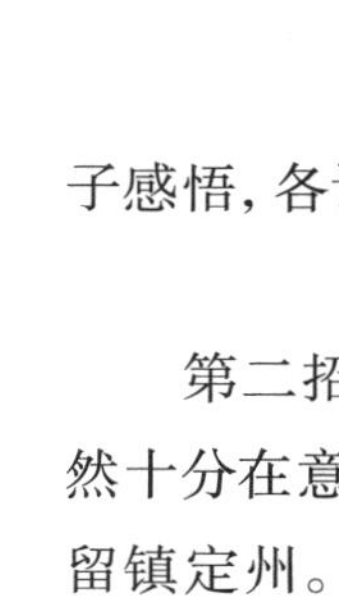

代天子，除了武则天和唐哀帝之外，其他皇帝的谥号中都有一个“孝”字。谥号是对于一个皇帝生平事迹的盖棺定论，是有评判性的，可见唐朝皇帝们对于孝德非常看重。

第三招：“孝”作为选拔官员的标准。唐太宗曾多次下诏，让天下举荐有孝行的人才。据《旧唐书》记载，贞观十五年六月，“诏天下诸州，举学综古今及孝悌淳笃、文章秀异者，并以来年二月总集泰山”；七年五月，“手诏举孝廉茂才异能之士”。元让以孝著称，被唐高宗擢拜太子右内率府长史，后又被武则天诏拜太子司议郎。则天谓曰：“卿既能孝于家，必能忠于国。今授此职，须知朕意。宜以孝道辅弼我儿。”另外，唐朝以科举取士，在众多的考试科目中，常科中的明经科和进士科最为士人看重，《孝经》在这两科中均为必考科目。后来还专门设立了以“孝悌”为名的考试科目——孝悌廉让与孝悌力田科。参加考试的人必须有突出的孝悌品德并受到推荐。而“孝”名显著的，甚至可以不受科举考试的常规程序约束，《唐会要》说：“状迹殊尤者，委所由长官时以名荐，更不须随考使例申送”。

第四招：大力表彰民间孝行。对于民间尽孝的典型，唐朝统治者会予以褒奖和宣扬，或由地方官府表彰，或由地方举荐，上奏朝廷，授官、赐物、旌表其门闾。蠲免其赋役，甚至载入史册，传之后世。如薛万彻“季弟万备，有孝行，母终，庐于墓侧。太宗降玺书吊慰，仍旌表其门”。唐朝规定：“凡丁户皆有优复蠲免之制。若孝子顺孙、义夫节妇志行闻于乡闾者，州县申省奏闻，而表其门闾，同籍悉免课役。”（《唐律疏议笺解》）天宝年间，免征居父母之丧者的劳役赋税，称为“孝假”。除了皇帝的谥号，唐朝对于孝行显著的官员也会赐予带“孝”字的谥号，但是官员得到这种谥号比较难，孝行要足够高才行。可见其被重视的程度。

第五招：纳入法制，重罚不孝。如果前面的“温柔四式”还不能让您转“逆”为“孝”，您非得不知死活地“逆”下去的话，就品尝一下惩罚的滋味吧。对不住了，这最后一招乃是强硬的铁腕政策。唐律中将“不孝”列为十恶之七，那可是“亏损名教，毁裂冠冕”的重罪！“不孝”包括：控告、咒骂祖父母、父母；祖父母、父母在，另立门户、分割财产、供养有缺；在为父母服丧期间，谈婚论嫁、寻欢作乐、不穿孝服；知祖父母、父母丧，隐瞒不办丧事；谎称祖父母、父母丧。以上罪行一经发现必严惩不贷，甚至可能被判处死刑，即使遇到朝廷大赦，也不能减免其刑罚。我们现在的读书郎们经常为了逃课和憋一篇作文，谎称爷爷奶奶外公外婆去世，这样的行为，在唐朝可是万万做不得的。

基于“孝”在人们传统文化中的道德基础以及国家的大力提倡，唐朝出现了很多“以孝闻于世”的孝子贤孙，在善事父母、养老送终等方面做得那叫一个有声有色。不过凡事都有一体两面，有些人的行孝行为已经有了极端化的倾向，如割股疗疾、自残身体以侍亲这种陋习竟然在一段时期内相当流行，还一个比一个惨烈，真够悲催的！亲们可是受过现代教育的，明白“有所为有所不为”的道理，一定要明智一点，再明智一点……

九十以上，虽有死罪，不加刑——老年人的特殊待遇

除了子女要孝敬父母外，也将社会上尊老敬老纳入“孝”文化的重要组成部分。中国历朝历代都很重视尊老

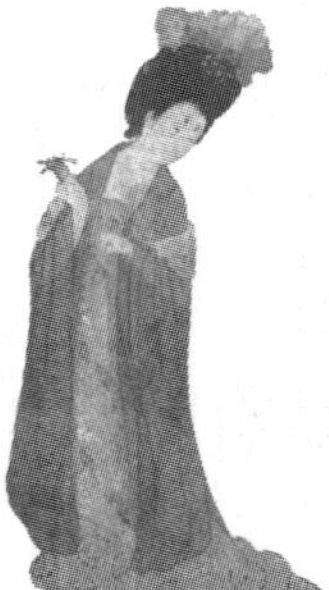

《张果见明皇图》　元·任仁发
画卷描绘了唐玄宗李隆基接见传称为“八仙”之一的张果老的情景

敬老，将之作为“以孝治天下”的重要措施加以推行，唐朝也不例外。

在这方面，天子首先起到了模范带头作用。据南宋郑樵所著《通志二十略》记载：“唐制，仲秋吉辰，皇帝亲养三老五更于太学，其仪具开元礼。”所谓“三老”是乡官之名，战国时间里及县均有三老，汉初乡、县也有三老，由五十岁以上者担任。而“五更”是指年老致仕而有经验的乡间耆老。古代统治者设三老五更，以尊养老人。虽然唐朝皇帝每年举行这样的仪式更有些礼仪化的味道，但也不是简单的摆摆样子就算了，最起码是皇帝在以身作则，为社会各阶层树立了敬老养老的榜样，从而引导社会上形成尊老敬老的风气，怎么说也算是一种明星效应吧。而且贵为天子的皇帝都事必躬亲了，所谓上行下效，其他上上下下、左左右右、前前后后的人就都看着办吧！不仅如此，唐朝规定地方官员要经常到高龄老者家中进行慰问，甚至皇帝也会亲自前去，唐高宗就干过这事儿，“以河南县大女张年百三岁，亲幸其第”（《旧唐书》）。国家最高领导人御驾亲临，真不知道这位张老太太在当时是笑得合不拢嘴还是吓得抬不起头了。纠结ing……

同时，政府还颁布了一些针对老人的优待措施。例如：规定男子年满六十岁为老，不承担课役负担。由于森严的等级制度，唐朝的胥吏、商贾、庶人等都不得乘奚车（奚人所制之车，泛指北方少数民族所制之车）及檐子（即肩舆），但“如果年老或有疾，可乘兜笼”（《唐会要》）。唐朝的“户令”还规定，“凡庶人年八十及笃疾，给侍丁一人；九十，给二人；百岁，三人”（《唐六典》）。这里所说的“侍丁”就是服侍父母的丁男。这些负责奉养老人的“侍丁”也有待遇，不但给予孝假，还可以免除徭役。这些待遇为了保障他们有充足的时间奉养老人。除此之外，老年人在法律上还可以享受一定的特权。“年七十以上，犯流罪以下收赎。八十以上，犯反、逆、杀人应死者，上请。九十以上，虽有死罪，不加刑。”（《唐律疏议》）自古杀人者偿命，造反更是为历朝历代统治者所不容的谋逆大罪，罪及流放、死刑的自然也都不是小偷小摸、打打闹闹的小过错，这种大罪都可以逃过一劫、减免刑罚，看来老人在唐朝的地位还真是不一般呐！

对于老人，优待之外还有赏赐。一是赐物，二是赐官。唐太宗即位时曾大赦天下，《唐大诏令集》云：“年八十以上各赐米两石，绵帛五段，百岁以上各赐米四石，绵帛十段。”《赐高年几杖诏》曰：“俾伸恩于几杖，期布惠于乡国。九十以上，宜赐几杖，八十以上，宜赐鸠杖，所司准式。天下诸州侍老，宜令州县逐稳便设酒食，一准京城赐几杖。其妇人则送几杖于其家。”唐玄宗《加应道尊号大赦文》曰：“其京城父老，宜各赐物十段，七十已上仍版授本县令，其妻版授县君。六十以上，版授本县丞。天下侍老，百岁已上版授下郡太守，妇人版授郡君。九十已上版授上郡司马，妇人版授县君。八十已上版授县令，妇人版授乡君。仍并即量赐酒面。”另外，

还有一种荣誉职位，给予那些有一定文化修养、老成持重、在乡村中颇有声望的老年人，“乡置耆老一人，以耆年平谨者，县补之。亦曰父老”（《通典·职官典》）。这些老人在地方官府行政运作中没有具体的职掌，也不承担相关的法律责任。唐玄宗在开元二十九年令“每乡置望乡”，“并取耆年

宿望，谙识事宜，灼然有景行者充”（《唐会要·户部员外郎》）。不管是叫“耆老”还是“望乡”，这些老人都要参与到乡中事务中来，并起到一定的作用。而且这些人的话语权很给力，甚至可以成为考核地方官员政绩优劣的重要标准。《唐会要·刺史上》说，刺史离任一个月后，“委知州上佐及录事参军，各下诸县，取耆老百姓等状，如有兴利除害，惠及生民，廉洁奉公，肃清风教者，各具事实，申本道观察使检勘得实，具以事条录奏”。

对平民老者尚且如此，那对退休的国家干部也不能含糊啦！唐朝官员一般致仕的年龄是七十岁，有疾患的可以提前退休，退休之后仍然可以享受一系列的待遇。例如：致仕后仍能朝参，班列序位高于见任官。不过这个特权是有官品限制的，“致仕官三品，以上并听朝朔望”（《通典·职官十五》）。同时在官员致仕，尤其是高官致仕时，皇帝往往赏赐很多钱、物，在新帝即位、郊祀等大典时，致仕官和见任官一样，也可以获得一定的赏赐。另外，官员们即使退了休也是可以拿薪水的，养老安身是不成问题啦。

不管统治者是出于什么样的目的优待老人，这些措施都体现出了尊老、敬老、养老的文化传统。亲们如果一个不小心穿越不回去了，那留在唐朝颐养天年也是个不错的选择哦！

唐

【病】

唐朝有个“医药博士”孙思邈

世界上最早的医学院——唐朝的太医署

太医署之名，南北朝时期已然有之，是全国最高的医政管理及医疗保健机构。隋唐时期，随着教学功能的不断加强，太医署逐渐发展成为世界医学史上最早的医学校。唐朝的太医署分为行政、教学、医疗、药工四个部分，堪称第一座由国家兴办的正式医学院。

稍懂医学的亲们可能觉得眼熟，这跟现在医学院的教育行政机构设置很像嘛！别着急，更像的还在后面呢。太医署的最高长官叫太医令，“掌诸医疗之法”，这就好比医学院的院长了；之下还有太医丞，是太医令的助手。太医署分医学部和药学部，就像现在的医学院也分医学系和药学系差不多；同时，医学部中还有了更细化的专科划分，分为医科、针科、按摩科、咒禁科四大专科，每个专科都设置博士及助教任教。其中医博士负责掌管体疗、疮肿、少小、耳目口齿、角法的教学工作（在这里要特别提

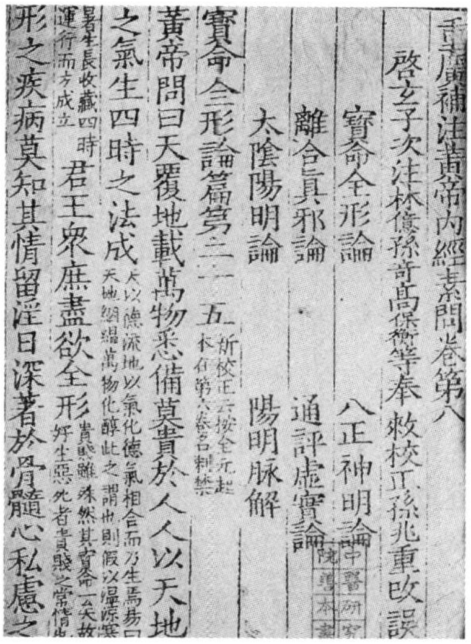
重廣補注黃帝內經素問卷第八
啓玄子次注林億孫奇高保衡等奉敕校正孫兆重改誤
寶命全形論　八正神明論
離合真邪論　通評虛實論
太陰陽明論　陽明脉解
寶命全形論篇第二十五
黃帝問曰天覆地載萬物悉備莫貴於人人以天地
之氣生四時之法成　君王衆庶盡欲全形
形之疾病莫知其情留淫日深著於骨髓心私慮之

《素问》书影

醒大家注意的是：唐代在地方上还设有医学博士或称医药博士，是负责各辖区的医疗、巡疗和推广本草、药方等普及工作的，属于地方卫生官员，跟医博士是有区别的哦！）；针博士“掌教针生以经脉孔穴，使识浮沉涩滑之候，又以九针为补泻之法”（《旧唐书·职官志》）；按摩博士“掌教导引之法，以除疾，损伤折跌者，正之”（《新唐书·百官志》），即负责掌管按摩、正骨专业的教学；咒禁博士主要负责讲授祷告、符咒等方法和手段，其中不排除有心理暗示疗法在内。在这四个专科中，医科是最大的，人数也最多。

学生们入学之后，必须先从基础学起，《素问》、《神农本草经》、《脉经》、《甲乙经》等都是必读书目。打好基础之后，才能分专业进行学习。就拿医科来说，“一曰体疗，二曰疮肿，三曰少小，四曰耳目口齿，五曰角法”（《新唐书·百官志》）。体疗就相当于内科；疮肿属于外科；少小是小儿科；耳目口齿是五官科；角法是一种外治方法，最初是用挖空的兽角来吸拔脓疮，后来有用竹筒替代，也就相当于现在的拔火罐。而每种专业的学习时间也是有区别的，“体疗者七年成，少小及疮肿五年，耳目口齿之疾并角法二年成”（《唐六典·太医署》）。热衷于医疗剧的“童鞋”们一定深有感触了吧，不管是《实习医生格蕾》、《on call 36小时》、《白色巨塔》……那些立志成为医生的学生们基本上都要遵循类似的进阶之路，一个专科念下来就要耗费几年的青春，医生还真不是好当滴!

除了课程安排的规范性，对于考试制度以及学生们的升、降、留、退等奖罚措施，太医署也是有标准的。太医署规定学生除了入学考试之外，月、季、年都要考试。考试成绩优秀的予以奖励，如果学习九年仍不能及格的，明显就不是当医生的料嘛，那就要强令退学了。《唐六典·太医署》：“博士月一次试，大医令丞季一试，太常丞年终总试。若业术过于见任官者，即听补替。其在学九年无成者，皆退从本色。”不但学生们要参加定期的考试，教职工也必须进行考核，“凡医师、医正、医工疗人疾病以其痊多少而书之以为考课”，以实际的临床施治效果来考评教职工，既医治了病人，又保证了师资队伍的力量，还真是一举两得的好办法呢!

药学部虽然比医学部要小一些，但也颇具规模。药学部设有药园，作为药物栽培和识别药物的教学基地。据《旧唐书·职官志》记载：“药园编制，府二人，史四人，掌固四人，司总务；主药八人，药童二十四人，管制配药；药园师二人，药园生八人，管药物栽培。”药园生基本上都是十六到二十岁的青年，主要学习中药的分类、栽培、采集、加工、贮存、配方、禁忌等知识。学习之后经考试合格者准予毕业，并升为药园师。

正是因为具备了如此完备的教学制度，太医署这种医学院的形式引起了世界各国的仿效。例如朝鲜在稍后仿唐“太医署”设立博士，用中国医书《素问》、《难经》、《甲乙经》、《本草经》等教授医学生；日本在公元701年制定“大室律令”，设置了类似唐“太医署”的医学教育设置，同时规定学生必须以中国医书《素问》、《新修本草》等做教科书。但这些机构不管是在规模上还是形式上都还不能正式列入医学校之列。

怎么样？没能在21世纪过过博士瘾的亲们想不想弄个

《甲乙经》书影

太医署的博士当当？人家这博士好歹也算国家干部，是有品级的；而且还可以管理、考核学生，权力也有啦；还有工资可拿，待遇似乎还不错哈。就是不知道当时的博士和现在的博士哪个更难当呢？

养生：食疗在先；养颜：一颗平常心
——孙思邈的保健观

唐人有一套养生理论，以达到内外兼修、“治未病之病”的效果，养性和食疗就是其中最重要的内容。

《备急千金要方》卷二十七“道林养性”为养生专篇，开宗明义：“真人曰：虽常服饵而不知养性之术，亦难以长生也。养

孙思邈画像

性之道，常欲小劳，但莫大疲及强所不能堪耳。”以下所列林林总总，涉及行为、情绪、思想等方方面面，无不是劝人把握好适中的尺度，不要偏颇过激。如：“养性之道，莫久行久立，久坐久卧，久视久听。”“故善摄生者，常少思少念，少欲少事，少语少笑，少愁少乐，少喜少怒，少好少恶，行此十二少者，养性之都契也。”“勿言行善不得善报，以自怨仇。”“修心既平，又须慎言语。”“言语既慎，仍节饮食。”……一言以蔽之——平常心！平常心！记得有位台湾女演员以六十岁之龄却保有二三十岁之容颜，她的独家养生驻颜秘方就是尽量少做表情，让脸部肌肉随时处于一种舒缓自然的状态，这跟古人的养性内容倒颇有点异曲同工之妙。

食疗对于生活在现代的注重养生的亲们来说也是不陌生的吧，其实中医很早就认识到食物不仅能为人体提供营养，还能疗疾祛病，兼有“养”和“疗”两方面的作用。唐朝时期有很多食疗专著问世，如孙思邈的《千金要方》卷二十四就是专论食治的，主张“为医者，当晓病源，知其所犯，以食治治之，食疗不愈，然后命药”。把食疗放在了药疗之前，可见食疗对于养生的重要性。此后《食疗本草》、《食性本草》等专著都系统记载了一些食物药及药膳方。

用柳枝刷牙的唐人们——唐朝人的面子工程

上文提到过唐人化妆多用口脂、面脂，其实在唐朝，无论男女都很重视“面子工程”，对于脸部护肤的在意程度一点也不比现在人逊色。就拿面脂来说吧，根据功能的不同，还可以细分为滋润护肤的、美白的、悦泽的等，真是不得不让人佩服唐人的创造力。所以爱美的美眉们即使没带护肤品来也不用发愁啦，这里可是应有尽有的哦！

除了面部护理，口腔卫生也是当时人们非常重视的。漱口是最普遍的牙齿保健方法。著名诗人白居易曾多次在诗中提到漱口，如“城头传鼓角，灯下整衣冠。夜镜藏须白，秋泉漱齿寒。”“绿宜春濯足，净可朝漱齿。”可见人们一般都在早上漱口。药王孙思邈还提出饭后漱口，他在《备急千金要方》中称“食毕当漱口数过，令人牙齿不败，口香。”还有一种盐汤洁齿法，“每旦以一捻盐纳口中，以暖水含，揩齿及叩齿百遍，为之不绝，不过五日，口齿即牢密。”另外，在敦煌壁画中有和尚刷牙的场面。古人刷牙一般都用手指和柳枝，据说在唐代，人们就以柳枝做成刷，蘸药水揩齿。除了正常的刷牙漱口，当时还有专门防止口臭的“口香丸”，《备急千金方》中记载的就有以豆蔻、丁香、藿香、零陵香、青木香、白芷、桂心、香附子等成分配制而成的“五香丸”，不但可以令口气清新，长期服用还可以由内而外散发体香。哇塞，原来唐朝也是有“口香糖”的呢!

接下来就是身体清洁啦。唐朝人爱沐浴，甚至已经提升到了文化的高度。最会享受的当然是皇族们，人家可是泡温泉浴的，以至于现在人一提到温泉浴，首先会想到唐代的华清池。事实上，唐代皇帝从唐太宗开始，都酷爱泡温泉浴。唐高宗李治有《过温汤》诗；唐中宗曾赐浴汤池，大臣们纷纷献诗，才女上官婉儿赋《驾幸新丰温泉宫，献诗三首》；唐玄宗更是身体力行，每年十月都要偕杨贵妃到华清宫过冬，将温泉浴推向极盛。由于常泡温泉，唐玄宗对于温泉的疗疾养生作用深有体会，在《惟此温泉是称愈疾，岂予独受其福，思与兆人共之，乘暇巡游，乃言其志》中云：“桂殿与山连，兰汤涌自然。阴崖含秀色，温谷吐潺湲。绩为蠲邪著，功因养正宣。愿言将亿兆，同此共昌延。”

澡豆是这时候人们用来洗浴的清洁剂。其实澡豆在古代可以算是万能化妆品，洗手、洗头、洗脸、洗澡、洗衣服……只要是跟油脂、污渍有关的，澡豆一出马什么都不怕，因此是居家必备物品。正如孙思邈在《千金翼方》中写到的那样：“衣香澡豆，仕人贵胜，皆是所要。”澡豆基本是以豆粉为主，配合各种药物制作而成。富贵人家使用的澡豆中还会加入名贵香料，使其散发出优雅的香气。《千金翼方》中记载过一个非常奢侈的澡豆配方：“丁香、沉香、青木香、桃花、钟乳粉、真珠、玉屑、蜀水花、木瓜花各三两，奈花、梨花、红莲花、李花、樱桃花、白蜀葵花、旋覆花各四两，麝香一铢。上一十七味，捣诸花，别捣诸香，真珠、玉屑别研作粉，合和大豆末七合，研之千遍，密贮勿泄。常用洗手面作妆，一百日其面如玉，光净润泽……”仅是聚齐各类花草已属不易，还要用珍珠、玉屑，真算得上是“千金方”了！如果您是喜欢泡芳香浴的，虽然当时没有精油，但还是可以发挥想象力与创造力在澡豆配方上下点工夫哒!

要说人家唐朝人豪放大气，生活起来倒是蛮精致的!

《华清出浴图》　清·康涛

亲们不远千年穿越而来，照样可以享受到小资情调，是不是也能感受到一点点小小的幸福呢？！

唐

【死】

划时代的彩陶工艺品“唐三彩”最初是明器

散尽家财也要厚葬先人——厚葬之风盛行

唐朝是一个处处讲究门第等级的朝代，有一件事情却打破了贵贱等差的界限，甚至对封建等级制度形成了威胁，那就是厚葬之风的盛行。唐太宗、武则天、唐玄宗都曾经发布过诏令禁止厚葬，《唐大诏令集》上有此一文：“以厚葬为奉终，高坟为行孝，遂使以衾棺椁，极雕刻之华，刍灵明器，穷金玉之费。高者越法度以相高，贫者破资产以不逮。徒伤教义，无益泉壤。为害既深，宜有惩革。”上至王公，下至庶民，倾家荡产都要追赶这一潮流，到了皇帝都不得不亲自出面干涉的地步，可见后果很严重，皇帝很生气！那么当时的厚葬到底有多“厚”呢？那可不只是陪葬品丰厚这一项，而是方方面面都所费奢靡。

天价墓志铭

女皇武则天一向走特立独行路线，就算身后也只是立

武则天像

一块无字碑，千秋功过任人评说，相当有御姐风范。要知道，姐的这一行为不但在历朝历代的皇帝中绝无仅有，就算是放在平民百姓堆里也是一典型异类，因为在唐朝的丧葬风俗中，十分盛行为死者撰写碑志——墓志铭。

碑志就是刻在墓碑上的纪念性文字，无非就是一个人生前的事迹啦、后人对他的追忆啊什么的，大多都是些虚文谀辞。李肇在《唐国史补》中提到："长安中，争为碑志，若市贾然。大官薨卒，造其门如市，至有喧竞构致，不由丧家。是时裴均之子，将图不朽，积缣帛万匹，请于韦相，贯之举手曰：宁饿死，不苟为此也。"虽然韦贯之对于写碑志不屑一顾，宁可饿死也不肯为之，可立碑做志已经蔚然成风，写碑志又是一个非常赚钱的工作，自然有很多文人趋之若鹜，甚至将之当做赖以生存的职业。《封氏闻见记校注》："近代碑碣稍众，有力之家，多辇金帛以祈作者之谀，虽人子罔极之心，顺情虚饰，遂成风俗。”

一般文人已经可以靠卖碑文满足生活所需，更不用说那些文坛领袖们了。能拿到他们写的碑志，那可比粉丝得到偶像的亲笔签名还兴奋、还光荣呢！《旧唐书·文苑传·李邕》记载着李邕为死人写墓志铭写了“数百首”，得到的报酬“钜万”，无人能及。李邕“早擅才名，尤长碑颂。虽贬职在外，中朝衣冠及天下寺观，多赍持金帛，往求其文。前后所制，凡数百首，受纳馈遗，亦至钜万。时议以为自古鬻文获财，未有如邕者。”上弘和尚去世后，僧徒“与黑白众千余人，俱持故景云大德弘公行状一通，贽钱十万，来诣浔阳府，请司马白居易作先师碑”《白居易集笺校》。白居易写一篇碑志就能拿到十万文钱的稿费，名人的身价还真是不一般。

大兴道祭

道祭，是指出殡时，亲友在灵柩或丧车经过的路旁设香烛纸钱以及供品祭奠、祭拜。封演在《封氏闻见记·道祭》中解释道：“道祭：元宗朝海内殷赡，送葬者或当衢设祭，张施帷幙。”唐朝的道祭真可谓色彩纷呈，比过年时候的庙会还要热闹。

龙朔二年，宰相李义府改葬其祖父，《旧唐书》上说：“王公已下，争致赠遗……又会葬车马，祖奠供帐，自灞桥属于三原，七十里间，相继不绝。武德以来，王公葬送之盛，未始有也。”连绵七十里的送葬队伍，其阵容之强大可见一斑。不过这也只是送葬人数多些罢了，比起中唐时期的道祭规模，真是小巫见大巫。还是来看看封先生的见闻吧：“大历中，太原节度使辛云京葬日，诸道节度使使人修祭，范阳祭盘最为高大。刻木为尉迟鄂公与突厥斗将之戏，机关动作，不异于生。祭讫，灵车欲过。使者请曰：‘对数未尽。’又停车设项羽与汉高祖会鸿门之象，良久乃毕。”“滑州节度使令狐母亡，邻境致祭，昭义节度初于淇门载船桅以充幕柱，至时嫌短，特于卫州大河船上取长桅代之。”“大者费千余贯，小者犹三四百贯。互相窥觇，竟为新奇，柩车暂过，皆为弃物矣。盖自开辟至今，奠祭鬼神，未

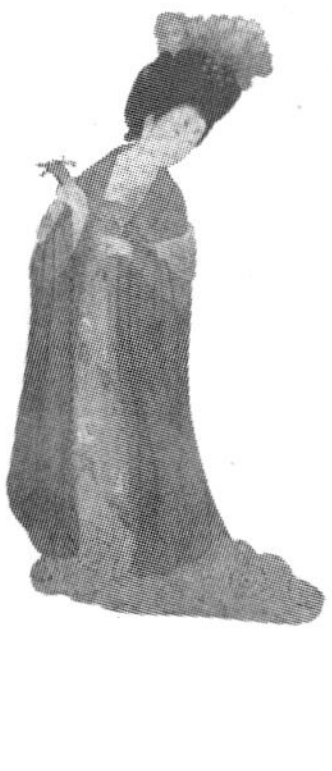

有如斯之盛者也。”道祭也成了节度使们竞相炫富的舞台，连尉迟敬德大战突厥和鸿门宴的桥段都用傀儡戏上演了，真是连过节还是出殡傻傻地分不清楚！唐代后期更有甚者，用音乐歌舞设祭，《酉阳杂俎》上说：“世人死者有作伎乐，名曰乐丧。”不管是唱歌跳舞还是演木偶剧，都要斥巨资，一字谓之曰：钱！

明器骄侈

所谓“明器”就是专为随葬而制作的器物，也叫“冥器”。一般来说，从陪葬品的多寡就可以看出墓主人的社会地位、所处阶层。

先来看看两位名人的明器。同昌公主是唐懿宗的爱女，死后葬礼场面之奢华，简直是骇人听闻，就陪葬品来说，“出内库金玉驼马、凤凰、麒麟，各高数尺，以为威仪。其衣服玩具，悉与生人无异，一物已上，皆至一百二十舁，刻木为楼阁、宫殿、龙凤、花木、人畜之象者，不可胜计。以绛罗绮绣，络金银瑟瑟为帐幕者，亦各千队，结为幢节伞盖，弥街翳日”（《杜阳杂编》）。还有最著名的僧人玄奘的随葬品，“素盖、幡幢、泥洹、帐轝、金棺、银椁、娑罗树等五百余事，布之街衢，连云接汉……”（《大慈恩寺三藏法师传》）

如上，您可能觉得这只是上层社会的有钱人或者名人才有的待遇，其实不然，唐代厚葬成风，无论地位高低、经济实力强弱，就算散尽家财也得在葬仪上大肆铺张，“罄生业就百金，力备丧事”、“丧尽家财，以营大事”的比比皆是。活人都不过啦，只要能完成对先人的厚葬就值！这是不是唐朝政府竭力提倡“孝治”的“后遗症”呢？！

值得一提的是，唐三彩这种划时代的彩陶工艺品最初也是被作为明器使用的，有人物、动物、碗盘、酒器、文具、家具、房屋，甚至装骨灰的壶坛等种类。真的是有够奢侈了吧？

唐

初来乍到的亲们是不是嘴巴已经不自觉地嘟成了“O”形？大开眼界了吧！服气了吧！不过不用太惊讶，既来之则安之嘛，谁让您来到的是国力强盛的大唐帝国呢！

该哭还是该笑——矛盾的寒食节

生存还是死亡，这是个问题！这一天到底该哭还是该笑，同样是个值得思考的问题！！要说该哭呢，它的确是个祭奠先人、表达哀思的日子，实在应该喝一壶断肠酒、掬一把哀伤泪；可要说该笑呢，它又是个家家户户出外踏青的节日，不是“小长假”，而是“黄金周”，还伴随着丰富的娱乐健身活动……哎，纠结啊纠结！如果您是刚刚穿越而来，这会儿可能已经被说懵了，怎么会有如此矛盾的日子呢？不会是愚人节吧？错！唐代还真就存在这么一个让人哭笑不得的节日——寒食节。

寒食节又称“禁烟节”、“冷节”、“百五节”，一般是在冬至后的一百零五天、清明节前一两天便是了。众所周知，这个节日是为了纪念名臣义士介子推的，唐代诗人卢象在《寒食》一诗中说：“子推言避世，山火遂焚身。四海同寒食，千秋为一人。”所以在这一天家家户户禁烟火，只吃冷食。这一天也曾被称为民间第一大祭日，中国以往的春祭都在寒食节，之后才改在清明节的，这一点新新人类们可要记清楚啦！如果您细心的话，还可以发现一个有趣的现象，寒食节可是汉族传统节日中唯一一个以饮食习俗来命名的节日呢！在唐朝，寒食节那可是相当重要的，位列唐代最隆重

《八达春游图》　五代·赵喦

八人戴头，身着紫红、绿色之官服，属唐代之衣冠制度，构图源自唐代树下人马图之布局方式

的八大节日（元日、上元、中和、寒食、上巳、中秋、重阳、冬至）之一。王泠然在《寒食篇》中说道：“天运四时成一年，八节相迎尽可怜。秋贵重阳冬贵腊，不如寒食在春前。”可见寒食在唐代节日体系和人们心目中的地位之高。

寒食节扫墓、祭奠先祖原本只是流行于民间的风俗，很多唐朝诗人的诗歌中都有记载。如：王建《寒食行》：“寒食家家出古城，老人看屋少年行。……牧儿驱牛下冢头，畏有家人来洒扫。”云表《寒食日》：“寒食悲看郭外春，野田无处不伤神。平原累累添新冢，半是去年来哭人。”这一风俗最初是不被朝廷所接受的，唐高宗龙朔二年发布的诏令称：“或寒食上墓，复为欢乐，坐对松槚，曾无戚容，既玷风猷，并宜禁断。”可祭奠之风已然形成了强大的群众基础，并不是一纸诏令说禁止就能禁止的，几经周折，统治者还是拗不过群众的呼声，唐玄宗最终向这种风俗妥协，于开元二十年颁布敕令，准许“寒食”上墓行扫拜礼，并定为常式正式编入礼典，“寒食上墓，礼经无文，近世相传，浸以成俗。士庶有不合庙享，何以用展孝思？宜许上墓，用拜扫礼，于茔南门外奠基撤馔讫，泣辞，食馀于他所，不得作乐。仍编入礼典，永为常式”。既然得到了法律的认可与保护，寒食扫墓之风更盛，再加上与清明节前后脚，唐人干脆把两个节日合在一起过。据《中国传统文化大观》记载：“大致到了唐代，寒食节与清明节合而为一。”也由此迎来了唐朝假期中的“黄金周”，《唐会要·休假》中明确记载：“（开元）二十四年二月十一日敕：寒食清明，四日为假。大历十三年二月十五日敕：自今已后，寒食通清明，休假五日。至贞元六年三月九日敕：寒食清明，宜准元日节，前后各给三天。”这样一来，寒食节成了法定长假，即使外地官员也可以从从容容地回乡祭扫啦！很多诗人的作品中也是寒食、清明并提，如韦应物：“清明寒食好，春园百卉开。”白居易：“乌啼鹊噪昏乔木，清明寒食谁家哭。”……

寒食正值暮春，草长莺飞，春意盎然，风光一派大好。人们上坟一般都是去郊外，如此无限的风光自然让人不忍离去，也就在扫墓的同时伴以踏青活动，甚至发展出丰富多彩的娱乐节目。

斗鸡：杜淹有《咏寒食斗鸡应秦王教》一诗："寒食东郊道，扬鞲竞出笼。花冠初照日，芥羽正生风。顾敌知心勇，先鸣觉气雄。长翘频扫阵，利爪屡通中。飞毛遍绿野，洒血渍芳丛。虽然百战胜，会自不论功。"可见寒食斗鸡之风已经遍及唐朝的各个角落，甚至连军将、诸王、皇帝老儿都好这口。《酉阳杂俎》和《全唐文》中都记载过军将和唐玄宗好斗鸡之事，唐玄宗还在宫中建鸡坊，挑选六军小儿百人，专门驯养训练，遇到节庆日就要表演皇家斗鸡比赛。

荡秋千：这是一项专供女子玩耍的游乐项目。《开元天宝遗事》记载："天宝宫中，至寒食节，竞树秋千，令宫嫔辈笑以为宴乐，帝呼之为半仙之戏，都中士民因而呼之。"唐代秋千多用彩绳悬挂，眩眼夺目，因此又称之为"彩索"、"彩绳"、"红索"。刘禹锡有诗云："秋千争次第，牵掩彩绳斜。"韦庄亦有诗云："紫陌乱嘶红叱拨，绿杨高映画秋千。"

《秋千图》 木刻版画

蹴鞠：就是古代的足球运动。唐代蹴鞠所用的球多用牛皮制成，用动物膀胱做内胆，也有用布绒为球皮的。寒食时，人们往往将球装饰得更加五彩缤纷。据说唐德宗、唐宪宗、唐穆宗、唐敬宗都喜欢这项运动，《州府元龟》记载："唐德宗贞元十二年二月寒食节帝御麒殿之东亭，观武臣及勋戚子弟会球，兼赐宰臣宴馔。"

拔河：古时也称为"牵钩"，唐玄宗在《观拔河俗戏并序》中说："俗传此戏必致年丰，故命北军以求岁稔。"可见拔河之戏是为了祈求丰收的活动，因此历代帝王都加以提倡，武平一《景龙文馆记》中就记载了中宗于景龙四年清明幸梨园以臣下拔河为笑乐之事。

镂鸡子：就是在鸡蛋上刻画花纹。《景龙小馆记》说："寒食，赐镂鸡子。"宋人庞元英《文昌杂录》有云："唐岁时节物，寒食则有……镂鸡子。"骆宾王专门作有《镂鸡子》一诗；白居易《和春深》第十六首也提到："何处春深好，春深寒食家。玲珑镂鸡子，宛转彩球花。"据说人们还会拿精心雕镂的彩蛋互相赠送、一较高低，这让您联想到了什么？是不是西方复活节的彩蛋呢？

说到这儿，您大概已经明白为什么寒食节是个如此纠结的节日了吧，还真是让人欢喜让人忧吖！既然您已经穿越到此，究竟选择该哭还是该笑，您就自己掂量着办吧。

【婚姻】

婚姻有风险，结婚需谨慎

谁说婚姻面前人人平等——唐朝的择偶标准

虽然唐朝出了个女皇武则天，妇女们有点翻身得解放的意思，可唐朝毕竟处于封建社会，男尊女卑的思想观念根深蒂固，男子自然可以妻妾成群，这就使得男女在婚姻关系中不可能平等。另外，唐朝又是个把等级森严武装到牙齿的朝代，婚姻跟出身成分直接挂钩，这就使得人与人之间也不可能平等地谈婚论嫁。在种种条条框框的限制下，自由恋爱那是甭想了，想要找个合适的结婚对象都有一定的难度。亲们如果正值适婚年龄，又想在唐朝落地生根的话，一定要整明白当时的婚姻条例，否则也是会招来祸端的，且听俺细细道来。

（一）同姓不婚

不知道是不是出于“五百年前是一家”的考虑，中国古代

《步辇图》　唐·阎立本

内容反映的是吐蕃（西藏）王松赞干布迎娶文成公主入藏的事，它是汉藏兄弟民族友好情谊的历史见证

很早就有了同姓不婚的制度。有唐一代也不例外，《唐律·户婚律》规定："诸同姓为婚者各徒两年，缌麻（本指为死者戴的孝，引伸为有亲戚关系）以上以奸论。若外姻有服属而尊卑共为婚姻，及娶同父异母姊妹，若妻前夫之女者，亦各以奸论。其父母之姑、舅、两姨姊妹及姨、若堂姨，母之姑、堂姑，己之堂姨及再从姨、堂外甥女，女婿姊妹，并不得为婚姻，违者各杖一百。并离之。"可见不只是同姓之间，就连亲戚之间也是不能缔结婚姻的，否则可是通奸大罪哦。

（二）当色为婚

请注意！这里的"色"可不是指美色，有此念头的"童鞋"们自动净化之。这个"色"是指服色，也就是社会地位、尊卑贵贱的代名词，当色为婚，就是门对户当的意思。唐朝法律将人分为三个等级：官人、良人和贱人。官人就是指所有当官的；良人是指具有独立社会地位的编户之民，也就是要依法纳税和服役的人，主要是地主和自耕农；贱人又分为官贱和私贱，没有独立的社会地位，其中最低贱的甚至被视为牲畜资产，可以随意

买卖。唐律规定："严禁良贱通婚，诸与奴娶良人女为妻者，徒一年半，其奴自娶者亦如是。诸杂户不得与良人为婚，违者杖一百，良人娶官户女者，加二等。奴婢私嫁女与良人为妻者，准盗论。"得！娶媳妇娶出个盗窃罪来，这是何道理啊？刚才已经说了，奴婢不是人，是财产，奴婢的子女也是奴婢，当然也是财产。既然如此，奴婢私自将女儿嫁给良人为妻了，可不就等于偷了人家的财产转送他人吗？所以这个罪名还真是一点都不冤。所以大家还是乖乖地在自己的等级圈子里找您的那个TA吧！

（三）一妻多妾

男“童鞋”们看到这条规定是不是hold不住了？哈哈，想大爷咱也终于可以坐享一把齐人之福了！Wait！要知道，唐朝实行一夫一妻制，也是有重婚罪滴！《唐律疏议·户婚律》规定：“诸有妻更娶者，徒一年，女家减一等，若欺妄而娶者，徒一年半，女家不坐，各离之。”也就是说，一个男人只能娶一房妻子。可是不对啊，前面不是还说男子可以妻妾成群吗？是滴！妻子虽然只有一个，可是妾可以有无数个，这还不叫妻妾成群？所以，唐朝的一夫一妻制其实应该叫做一妻多妾制更为贴切。

（四）郎才女貌

OK，在掌握了律法规定的几大婚姻制度之后，终于可以喘口气，聊一下自己的择偶标准了。您的心动女生、心动男生是什么样子的？“白富美”、“高富帅”，还是“愿得一心人，白首不相离”？其实古往今来的择偶标准无非就是这几样，在唐代，男子的“才”和女子的“貌”是非常重要的标准。

庸俗！实在是大大的庸俗！不然，当时的社会风气即是如此，且来看看李白的诗：“我悦子容艳，子倾我文章。风吹绿琴去，曲度紫鸳鸯。”再来想想《霍小玉传》、《莺莺传》等传奇故事，可不都是郎才女貌：一个才高八斗，一个貌美如花，才得以如磁石般彼此吸引吗？！对于才学的在乎也延伸出了这一时期人们对于科举功名的看重，可不嘛，能进士及第的人本身就是颇有才学的主儿，同时也意味着辉煌的“前途”和“钱途”在向他招手，当然是东床快婿的上佳人选啦！所以每年曲江大会期间，新科进士们可是万众瞩目的焦点，权贵人家都跑来相看，以期给自家的闺秀小姐们选个如意郎君。这里还要特别说明一下下，所谓的“才”也不是特指文才，也可以泛指才能、才艺，像唐高祖李渊“雀屏中选”的故事就是极好的例证。

除了才貌，“财”也是不可规避的一项择偶标准，弃贫趋富的现象屡见不鲜，导致寒门女子出嫁困难，只得留来留

绣像《西厢记》中的崔莺莺

去留成大龄剩女。邵谒《寒女行》有云："寒女自命薄，生来多贱微。家贫人不聘，一身无所归。"张碧《贫女》云："岂是昧容华，岂不知机织。自是生寒门，良媒不相识。"白居易的《秦中吟·议婚》更是一针见血："贫为时所弃，富为时所趋……绿窗贫家女，寂寞二十余……几回人欲聘，临日又踟蹰。"

除却以上标准外，唐朝对于婚姻政策还有一些琐碎的规定，例如监临官不得娶监临女、不得与逃亡妇女为婚等等，不过说来说去，其主旨都是崇尚等级婚姻、讲求门当户对的表现。哎，婚姻有风险，结婚需谨慎！

唐

对唐朝新郎们致以无限的同情——结婚的程序

各位看官，不管您是已婚的还是未婚的，总对自己的婚姻场景有过一番憧憬吧？是大宴宾客、极尽铺排狂欢一回；还是只有两家人共聚一堂，小示庆祝；亦或找个欧洲小镇的小教堂，在牧师的见证下完成只有两个人的婚礼；再或者……估计这个话题聊起来就没完没了了，一千个人肯定有一千种关于婚姻的梦想与憧憬。古人认为婚姻是“人道之大伦”，自然对聘娶程序格外重视，您可别以为这只是简单的走走过场、意思意思，结婚的每一步可都是有理有据、要讲究礼仪规范的。既然大家来了唐朝，能不能找到意中人尚未可知，倒是可以先把结婚的程序学起来，以备不时之需。

父母之命媒妁之言

如今充斥电视荧屏的古装戏或年代戏一旦涉及儿女感情问题，动辄就甩出一句“自古以来，婚姻都是父母之命媒妁之言……”很熟悉的有木有？要知道这句话可不是放之四海而皆准的真理，即便是在中国古代。在唐朝，“为婚之法，必有行媒”（《唐律疏议》），民间也有“无媒不得选”的说法，可这也只不过是一纸行文，对于社会风气构不成全然的束缚力，

无媒也可成夫妻的大有人在。如玄宗时的宰相李林甫，《开元天宝遗事》中记下了他让女儿自己选婿的事：“常日使六女戏于窗下，每有贵族子弟入谒，林甫即使女于窗中自选可意者事之。”既没有媒妁之言也没有父母之命，六个女儿的婚姻女儿自己做主，这个宰相老爸还挺开明！您可能会说，

这里有个大前提——被挑选的都是贵族子弟。也对，能进相府拜谒的当然都是些身家不错的主儿，算得上门当户对。咱们不去较这个真，最起码在一定的范围内，女子们有了自主选择结婚对象的权利，这是不争的事实。

同样的，“父母之命”也不是不可打破的坚壁堡垒。《唐律·户婚律》中有规定：“诸卑幼在外，尊长后为定婚，而卑幼自娶妻，已成者婚如法；未成者从尊长，违者杖一百。”可见青年男女先于父母之命在外业已成婚的也算是合法夫妻，就不需要遵从父母所定的婚事了。这不就相当于自主婚姻了吗，看来唐朝的婚姻法还是挺人性化的！

六礼

六礼是指从议婚到完婚一整套过程中的六种礼节，即纳采、问名、纳吉、纳征、请期、亲迎。

纳采：男方家请媒人去女方家提亲，女方家答应议婚后，男方家备礼前去求婚。

问名：男方家请媒人问女方的名字和生辰八字。这么做一是为了防止同姓为婚，二是进行占卜，看男女两人的婚姻是否适宜。

纳吉：男方家在卜得吉兆后，备礼通知女方家，决定缔结婚姻。

纳征：也叫做“纳币”，即男方家送聘礼给女方家。纳征和纳吉往往是合并在一起进行的，也是订婚的主要手续。

请期：男方家择定婚期，告知女方家，求其同意。当然了，对于婚礼吉日的择取也是通过占卜来完成的。

亲迎：新郎亲至女方家迎娶新娘。

只有以上六礼具备，这段婚姻才宣告成立。正所谓：“六礼备，谓之聘；六礼不备，谓之奔。”

敦煌12窟唐壁画嫁娶图

婚书

婚书是男女双方家长为子女婚姻签订的文书，也就是书面的婚嫁协议。从敦煌发现的唐代婚书来看，男家礼请者，谓之通婚书；女家答复许诺，谓之答婚书。婚书“皆两纸真书”，“真书”也就是楷书，以示郑重。第一幅是男女双方家长互致问候的短函，语言有固定的模式，无非就是一些“倾瞩良深”、“久仰德风”、“忽辱荣问，慰沃逾增”之类的客套话。另一幅称为“别纸”，这才是婚书的主体，内容主要是主婚人与订婚人的关系，男女双方的名字及年龄，求婚与许婚的表示等。格式如下：

某白：第几男（或弟或侄，任言之），年已成立，未有婚媾。承贤第某女（或妹、侄女），令淑有闻，四德兼备，愿结高援。谨同媒人某氏某乙，敢以礼请。（脱）若不遗，伫听嘉命。某白。

某白：第几女（或妹、侄、孙，任言之），年尚初笄，未闲礼则。承贤第某男（或弟、侄、孙）未有伉俪，顾存姻好，愿托高援。谨同媒人某氏，敢不敬从。某白。

有了这一问一答的一纸婚书在手，就等于有了民政局盖章的红本本，双方的婚姻就有了法律保护。所以这套仪式自是郑重得很，“切须好纸，谨楷书，紧卷于函中。函用梓木、黄杨木、楠木为之。函长一尺二寸像八寸子弟，函阔一寸二分像十二时，函板厚二分像二仪，函盖厚三分像三才，函内阔八分像八节”，装好之后，“即于中心解作三道路子，以五色线缚”。

另外，唐律规定：“诸许嫁女，已报婚书及有私约而辄悔者，杖六十。虽无许婚之书，但受聘财亦是。”也就是说，聘礼也可以算做婚嫁协议。即使没有婚书，但是接受了聘礼，婚姻也同样受到法律保护。聘礼没有具体数目多少的限制，钱财布帛都可作数。

下婿

一应手续完成，终于到了亲迎的日子。按说应是人逢喜事精神爽，可作为当事人的新郎，还是先别高兴得太早，后面还有得忙呢！

唐朝婚礼依照古礼，是在夜间进行的。“下婿”是魏晋南北朝以后，华夏婚礼受到胡风影响而发展出的刁难新郎的习俗，在唐代此风尤盛。就像是今天新娘子出嫁，姐妹团拦在门口向新郎讨红包或者让新郎做这做那一样。《封氏闻见录》有云：“近代婚嫁有障车、下婿、却扇及观花烛之事。”至于下婿的形式可就有雅有俗了，雅的有文人士子中流行的催妆诗、却扇诗，新郎在吟诵了催妆诗后，新娘才起身上轿。唐朝最有名的催妆诗是陆畅的《云安公主下降奉诏作催妆诗》：“云安公主贵，出嫁五侯家。天母亲调粉，日兄怜赐花。催铺百子帐，待障七香车。借问妆成未，东方欲晓霞。”俗得可就有些重口味了，从盘诘戏谑到棍棒相加，竟然还有因此而误伤人命的，真是让人哭笑不得。

各位老少爷们都看到了吧，血淋淋的事实证明，在唐朝结个婚不容易，不但迎娶个新娘子有可能迎一夜，弄不好还有性命之忧，一定要拿出十足的勇气、才气、力气和运气！罢了罢了，多说无益，只能对新郎们致以无限的同情了……

离婚与不守贞节都是小Case——开放的婚姻观

唐朝是个“开放型”社会，反映在婚姻制度上，就是女性的地位较高，贞节观念淡薄，离婚、改嫁都很常见，人们并不以之作为衡量道德是非的标准。所谓的“饿死事小失节事大”，那是宋朝开始才有的说辞，唐朝人可不知道那是啥东东。应该说，唐人这种OPEN的婚姻观，在历朝历代都是罕有的。

一、离婚

《唐律·户婚》中有三种规定：

1. 促裁离婚

也就是我们所熟知的“七出”，按照唐朝的规定，七出为“无子、淫佚、不事舅姑（公婆）、口舌、盗窃、妒忌、恶疾”七项。只要妻子犯了其中一条，丈夫就可以“出妻”，不需经过官府判决，只需丈夫写下文书，并由丈夫和双方家长签名，便可强制解除婚姻关系。这无疑给了男子们非常便利的休妻借口，微瑕细过都可以成为名正言顺的休妻理由，甚至有人为了抛弃妻子，诬陷妻子与人通奸，实在令人发指。李白、戴叔伦、张籍、孟郊、王建等人都曾作有关于“去妇”的诗，描写的都是无奈被休后，妻子悲苦惨淡的境遇。

但是，唐律中又有“虽犯七出，有三不去”的规定，即女家本宗无人、现在无家可归者不去；曾为舅姑服过三年丧者不去；娶时贫贱、后来富贵者不去。满足“三不去”的任何一条，丈夫都不得提出离婚。不过，如果妻子犯的是“恶疾”和“淫佚”这两项大过，就算是“三不去”也救不了她了。

相反的，如果妻子无七出之状而出者，丈夫要被处以一年半的刑罚；虽有七出之状，但属于三不去的情况，而丈夫强行出妻的，要处以杖一百的刑罚，并将妻子追回。

2. 强制离婚

有两种情况，一种是“违律为婚而妄冒已成者”，要强制离婚；另一种是“义绝”，《唐律疏议·户婚》中规定：“（夫）殴妻之祖父母、父母及杀妻外祖父母、伯叔父母、兄弟、姑、姊妹”、“妻殴詈夫之祖父母、父母，杀伤夫外祖父母、伯叔父母、兄弟、姑、姊妹及与夫之缌麻以上亲若妻通奸及欲害夫者”、“夫妻祖父母、伯叔父母、兄弟、姑、姊妹自相残杀者”，均为“义绝”，必须强制离异，“违者，徒一年”。第一种是触犯了相关的婚姻法令，当然要离婚；第二种都到了夫妻两族人自相残杀的地步了，这日子是没法过了！

3. 协议离婚

当时称为“和离”，《户婚》中规定：“若夫妻不相安谐而和离者，不坐。”所谓的“不相安谐”是指“彼此情不相得，两愿离者”。也就是说，和离是因为双方情感不和，经过婚姻当事人双方同意的协议离婚。这种离婚形式是将男女双方置于同等的法律地位，双方共同决定婚姻关系的完结。不得不拜服唐人的婚姻观念之开明，直可比肩当代。

和离也需要有离婚书，叫做“放妻书”或“夫妻相别书”。这一下主动权又回到了丈夫手中，因为妻子要想离婚必须征得丈夫的同意才能写下具有法律效力的离婚文书，若“背夫擅行”则徒两年；若擅自另行改嫁则兼有重婚之罪，须加二等，徒三年。

当然了，这并不能阻挡姐姐妹妹们离婚的脚步，由妻方提出离异的也不少。有的是因夫坐罪而求离婚的，有的是因本家有故而求离婚的，还有因夫患病而求离婚的，或者干脆就是对婚姻不满意而离婚的……种种现象表明，唐代的离婚还是相对自由的，不但法律允许，也不会招致社会舆论的非议。

二、改嫁

失节是“神马”？别把改嫁和有伤风化或有辱门第画等号，姐可不吃这一套！在咱们大唐，离婚改嫁和夫死再嫁都是再正常不过的事了，根本没有法律的限制与道德的口水战，改嫁甚至是被提倡的。先来看看唐太宗贞观元年的诏令：“男年二十，女年十五以上，及妻丧达制之后，孀居服纪已除，并须申以媒媾，令其好合。”政府都有帮助寡妇再嫁成家的义务。再来看看《唐律疏议》中的规定：“诸夫丧服除而欲守志，非女之祖父母、父母而强嫁之者，徒一年；期亲嫁者，减二等。各离之。”并解释道：“妇人夫丧服除，誓心守志，唯祖父母、父母得夺而嫁之。”法律只是反对非直系亲属强迫寡妇改嫁，但如果是寡妇的祖父母和父母逼迫之，法律可管不着。反过来看，既然有了这样的法令，那么社会上父母或祖父母希望守寡的女儿或孙女改嫁的肯定是大有人在了。

唐朝寡妇改嫁的例子简直不胜枚举，就拿公主们来说

吧，再嫁、三嫁的多了去了。仅以肃宗以前的公主姐姐们来计算，再嫁者有二十三人，三嫁者有四人。

如果贞节观念的强弱和离婚再嫁的难易都可以视作衡量婚姻关系自由开放程度的重要标志的话，那么唐朝的开放之风又以不同的侧面给了大家充分的展示。姐妹们看到这里是不是终于觉得扬眉吐气了？之前什么一妻多妾啊、七出啊那些男人们的特权都让女子们有苦说不出，简直让咱们这些来自新时代的女同胞们看得想吐血！如今总算也给女性下发一点福利了，千万别惹姐，惹急了姐，后果很严重哦！

冥婚也是一种“婚”——多种多样的婚姻形式

结婚嘛，不就是一个娶一个嫁，怎么还结出花样来了？不是一样，还是多种多样！一个娶一个嫁是没错，可到底是谁娶谁嫁、娶谁嫁谁、何时娶何时嫁，这里面的玄机可就多了，也因此引发出了各种不同形式的婚姻。亲们别被上面的绕口令绕晕了，看完下文您就门儿清了。

招赘婚

这个就不用解释了吧？用咱们现在的话来说就是“上门女婿”、“倒插门”。其实招赘婚古已有之，秦汉时期还曾经一度非常流行。在唐代，女子娶夫称“赘婿”，用颜师古的话来说：“谓之赘婿者，言其不当出在妻家，亦犹人身体之有肬赘，非应所有也。”可见采取这种婚姻形式的男子在当时还是比较受轻视的。不过社会舆论归社会舆论，招赘婚在隋唐五代时期还是比较常见的，尤其是中唐以后，男居女家，浸成风俗，甚至到了妻子与夫家的人互不相识的地步。这一时期招赘的既有未嫁女子，也有寡妇。一般来说，女方是为了接续香火的需要；而男方则是出于经济因素考虑，家庭贫困而无力娶妻，招赘婚便使得双方一拍即合了。

收继婚

也称“转房”，《史记·匈奴列传》称：“父死，妻其后母；兄弟死，皆娶其妻妻之。”简单地说，寡妇由亡夫的亲属继娶的婚姻就叫做收继婚。继娶者可以是同辈，如兄收弟媳或弟收兄嫂；也可以是长辈，如子收庶母或侄收叔婶等。

唐代最著名的同辈收继婚和长辈收继婚都出现在宫廷。唐太宗李世民在玄武门之变中诛杀弟弟李元吉后，便将他的妃妾杨氏收为自己的侍妾，一度还动了想立杨氏为后的念头，好在有个魏徵多方进谏，才让太宗打消了念头，但他还是将自己与杨氏的儿子曹王明立为李元吉的嗣子。再来就是唐高宗李治了，老爸死后就把小妈武则天收了房，后来还立为皇后，最终成了中国历史上第一个女皇帝。

当然，这一婚姻形式并不仅限于宫廷，民间也存在，敦煌地区发现的户籍资料中就多有体现。收继对象一般不需要重新履行有关的结婚手续和仪式，在户籍中仍保持原来的身份，如“亡兄妻”、“亡弟妻”等。大多数情况下，实行收继婚的寡居妇女都有较多的子女，可见这一婚姻形式也是出于抚养本家族后代的实际需要考虑的。

续亲

要跟续弦区分开哦。续弦是妻子死后再娶，所娶的可以是任何女子；而续亲也是妻子死后再娶，不过所娶的是妻子的妹妹。《旧唐书·列女传》中有这样一则故事：崔绘的妻子卢氏很年轻就守了寡，家里要她改嫁，她一直不肯。后来，她的姐姐过世了，姐夫李思冲“又求续亲”，卢氏仍然拒绝，并在结婚当晚逃回了崔家。这则故事虽然是在彰显卢氏的贞烈之举，但从中可以看出续亲在当时比较常见。

冥婚

又叫“阴婚”，未婚男女死亡，父母一般会找“鬼媒人”说亲，为死亡男女寻求婚配，就叫冥婚。唐朝时，这种婚姻形式广泛存在，更被反映到时人的志怪小说里。《广异志》中就有这样一个故事：有个叫王乙的男子，一次赶集时从李氏庄门前经过，看到一个十五六岁的女子，两人一见钟情。女子让婢女传话给王乙，让他晚上到庄上借宿。当晚，两人私下相会，一番缠绵之后，女子忽觉不适。原来，她是翻墙来跟王乙幽会的，翻墙时被墙角的耙齿刺伤了脚，疼痛难忍。临走时，女子告诉王乙：“看来我活不了了，如果你真对我有情，将来再经过时到我坟上看看，安慰一下我的灵魂吧。”后来王乙当了官，回家经过李庄时，听说女子竟然真的死了，便让当年的婢女私下带他到坟上祭拜。不料，那女子竟然从墓里出来了，王乙却突然猝死，婢女只见王乙的灵魂与女子携手走进了坟墓中。于是两家结为冥婚。

与生人的婚配一样，冥婚也是有婚书的，而且即便是在宫廷中，这种婚姻形式也普遍存在。例如中宗长子李重润，因为私下议论武则天与男宠的关系，被武则天下令杖杀，时年十九岁。中宗即位后，“聘国子监丞裴粹亡女为冥婚，与之合葬”（《旧唐书·高宗中宗诸子·懿德太子重润》）。

除了这些较为多见的婚姻形式，当时还有抢婚、服役婚、突厥法等存在于边疆民族中的婚嫁习俗，因为在中原地区并不普遍，在此也就不多说了。

贰

存部

解决了生的问题，如何发展完善自己，让自己能为社会所用、体现自己的社会价值，应该是很多人要开始考虑的事情了。当然，选择一个合适的职业也跟个人的生存息息相关，不然哪来的生活开支啊。这一部分着重向大家介绍几种唐朝的热门职业，并就个别职业延伸出整个行业在这个时期的发展状况和主要特点，还注明了每个职业的优势所在，以便初来乍到的您可以多方比较、慎重选择。如果所列的几种职业都不符合您心中所想，大不了扛起锄头当农民去，反正唐朝是个农业社会，自给自足也是个不错的选择吧。

唐

【职业】

大唐热门职业一览

文人升官记——科举制度在唐朝

古语有云:“万般皆下品,惟有读书高。”咱们不去辩论这句话的是非对错,最起码在唐朝人眼里,读书、当文化人是一个很靠谱的追求。而且,寒窗苦读往往是跟入仕为官、光耀门楣联系在一起的,因为科举制度在唐朝走向了完备。虽说百无一用是书生,可书生一旦获用,那就是安邦、治国、齐天下的大用;即使得不到重用,也还可以当个小官、谋个温饱嘛,所以,当个文人还是可以考虑的职业。唐朝的文人可是出了名的,只看看那些流传千古的唐诗,就知道这是个脑力风暴大爆发的时代。不过吟个诗、作个对的毕竟不能当饭吃,还是规划一下如何将这个职业进行到底吧。

首先,在经历了长时间的苦读之后,当然要参加国家公务员考试了。“科举”就是自隋唐以后选拔官员的基本制

度，它一贯坚持“自由报名、公开考试、平等竞争、择优录取”的原则，可是说是世界历史上最具开创性和平等性的官吏人才选拔制度，被西方人称为“中国第五大发明”。唐王朝继承隋朝的科举制度，并进一步完善，由此开始，科举制度逐渐完备起来。

唐朝的科举考试每年一次，一般是在十一月份进行，称为常科。考试科目包括秀才、明经、进士、俊士、明法、明字、明算等五十多门。其中明经、进士两科是主要科目，唐高宗以后，进士科更是成了重中之重。“进士尤为贵，其得人亦最为盛焉。”（《新唐书·选举志》）“进士登科为登龙门，释褐多拜清紧，十数年间，拟迹庙堂。”（《唐语林·补遗》）由于进士科考试是致仕显达最重要的途径，所以最为社会所倚重，唐朝的许多名臣贤相都是进士出身。

参加考试的考生主要有两个来源：一是生徒，二是乡贡。生徒都是由中央和地方各级学校保送到尚书省受试的，多是官宦子弟，例如国子学的生徒是三品以上官员的子弟，太学的生徒是五品以上官员的子弟。乡贡是“举选不由馆学者”，也就是平民知识分子经过州县考试合格后，再送往尚书省应试的，这些人就被叫做举人。

考试的相关事宜由专门机构负责，唐武德年间，“以考功郎中典贡举，贞观以后则考功员外郎专掌之”（《通典·选举》）。开元二十四年，唐玄宗认为考功员外郎位低权轻，改由礼部侍郎主持科举考试，并开始设置贡院和考棚，还派棚头管理考生，考试制度更加规范、合理。

除了常科之外，还有一种考试叫制科，是由皇帝下诏临时举行的，考试时间和科目都没有定制。

唐朝取士，不只单单看考试成绩，就像现在的留学生想要申请国外的大学，如果有封名师的推荐信那就更完美了。因此，考生们都积极奔走于公卿门下，向他们献上自己的代表作品（投卷），以期获得名人的赏识与推荐。如果是向礼部投的叫公卷，向达官贵人们投的叫行卷。想当初白居易向顾况投诗《赋得原上草》，就得到了老诗人的极力称赞。

前面也提到过，科举考试及第只是入仕的第一步，还要参加吏部的选试才能被授予官职。一旦选试不合格，那就只有两条路走：要么由权贵推荐担任某官职；要么到地方藩镇去做幕僚，再争取被举荐，得到国家正式委任的官职。韩愈就是“三试于吏部无成，则十年尤布衣”，三次选试都没能通过，只得去节度使那儿当幕僚，才得以跻身官场。即使是通过选试的，也别高兴得太早，因为这还远没到“廿年媳妇熬成婆”的地步，而是“万里长征的第一步”。为什么这么说呢？看看被授予的官职您就明白了。在中央，一般是授秘书省校书郎（正九品上）、弘文馆校书郎（正九品下）等职；在地方州县，一般授县尉（上县尉从九品上，中下县尉从九品下），都是些芝麻绿豆的小官。至于以后能不能升官发财，那还要经过严格的考核和铨叙。

唐朝对于文官的考核是由尚书省吏部考功司负责的，“考功郎中判京官考，员外郎判外京考”（《新唐书·百官志》）。同时，还设有主事、令史、书令史、掌固等负责具体工作的实施。而每年一度的文官考核也设在冬季进行，“凡应考之官家，具录当年功过行能，本司及本州长官对众读，议其优劣，定为九等考第，各于所由司准额核定，然后送省”（《旧唐书·职官志》）。这就意味着要公开宣读政绩，公开评定功过。看来官员们在参加考核之前还真得作好思想准备！对于地方官吏的考核，主要是置于各道的巡按使和采访使负责，每年向中央汇报地方官的政绩，作为政府对地方官考核的主要依据。

那么考核的标准和依据是什么呢？对于文官来说，考核标准是“四善”和“二十七最”。“四善”是考核官吏德行的标准，即德义有闻、清慎明著、公平可称、恪勤匪懈。“二十七最”则是根据各官署职掌的不同在才能方面提

《十八学士图》 宋·佚名

“十八学士”是唐李世民为秦王时，于宫城西开文学馆，罗致四方文士，如杜如晦、房玄龄等十八人，讨论文献、商略古今，为十八学士

出的具体标准。例如：对谏官近侍来说，是否能勤于进谏、拾遗补阙；对铨选官来说，是否能权衡官吏的才能，擢尽才良；对考校官来说，是否能扬清激浊，褒贬公平得当；对司法官员来说，是否能依法断案、处断公允……通过德行与才能两方面的考核，按照优劣鉴定等级，然后有褒有贬、赏罚分明。

考核之后才是铨叙，也就是按照官吏的资历和政绩，核定官职的授予或升迁。只经过一次半次的考核当然不可能升职，唐朝政府规定，京官五品以上、台省官及地方都管、刺史在任内须经三次年考；六品以下官吏及县令须经四次年考才有资格参加文官的铨叙。也就是说，要想升职，先要累积到一定的资历。同时，铨叙也有一整套全方位的考察标准，可以归纳为“四才”和“三实”。据《旧唐书·职官志二》所载：“凡择人以四才，校功以三实。”原注：“四才，谓身、言、书、判。其优长者，有可取焉。三实，谓德行、才用、劳效，德均以才，才均以劳，劳必考其实而进退之。”也就是对于一个官员的品德、学识、工作能力、考核成绩等方方面面都有要求，这其中，“劳效”就是指考核成绩，可见历年考核成绩的累积，是升职与否的主要依据。

主持铨叙的是吏部尚书和吏部侍郎，不过五品以上的文官是不需要经过吏部铨叙的，而是直接报中书门下审核，由皇帝颁制书除授。

费劲巴拉地中了举，又费劲巴拉的当了官，再经过年年考核、步步升迁一点点往上爬，这么吃力的官场之旅到底讨到什么好处了呢？咱们先来看看公务员白居易老先生的工资单。刚上班时，白先生是校书郎，做些抄

抄写写的文秘工作，当时“俸钱万六千，月给亦有途”。不久，因为表现突出，升为左拾遗，管接待群众来访，“月惭谏纸二千张，岁愧俸钱三十万”，工资已经涨到两万五了。接着外派到苏州任刺史，那可是江南鱼米之乡，“十万户州尤觉贵，二千石禄敢言贫”。接着，调回京城，“俸钱八九万，

给受无虚月”。再之后，当上了太子少傅，就是传说中拿钱多、工作少的职位，“月俸百千官二品，朝廷雇我作闲人”，工资已经破十万了。退休之后，“寿及七十五，俸占五十千”，退休后俸禄减半，每个月还能拿到五万的养老金。大家注意，这里用的货币单位可不是人民币的“元”，而是铜钱的“文”，也就是说白先生拿到过的最高月薪是十万文铜钱。折合成人民币是多少呢？咱们可以做个简单的换算。在讨论古代货币的时候通常都会用这个公式：1两黄金=10两白银=10贯铜钱=10000文铜钱。再按照金价进行兑换：1两黄金=3000元人民币，1两白银=1贯铜钱=300元人民币，1文铜钱=0.3元人民币。那么白先生每个月的月薪就是30000元人民币。至于这些钱是多是少，不好拿现在的购买力标准来衡量，还是得回到唐朝。唐太宗贞观年间物质极大丰富，1斗米只要5文钱，1两银子就可以买200斗米，也就是20石米，1石大概是59公斤；到唐玄宗开元年间，因为通货膨胀，米价涨到了10文1斗。根据今天的米价，大家可以自己计算一下了。

计算出来的结果是不是让您合不拢嘴了？别慌，这还只是工资而已，唐朝的公务员还有各种各样名目繁多的节假日，这个在后文中有详细的介绍，此处不再赘言。另外，官员们每日还可以享受免费的工作午餐，根据品级由国家统一配发在不同场合穿着的服装，每年元正、冬至等特殊节日还会赏赐绸缎、金银器等福利，遇到红白喜事也会赐钱赐物……怎么样？待遇够给力了吧？

综合来看，唐朝的科举制度和文官制度还是比较健全完备的，尤其是唐朝前期，也确实为朝廷选拔出了一批素质较高的文官。可到了唐朝中后期，科举士人们纷纷卷入牛李党争，文官们都忙着耍阴谋，使手段，分派别，分集团地争权夺利去了，严重败坏了朝政。

唐

职业优势：薪水高、待遇好，节假日多；能参政议政，有话语权。

男儿何不带吴钩——军人

“葡萄美酒夜光杯，欲饮琵琶马上催。醉卧沙场君莫笑，古来征战几人回。”一首流传千古的《凉州词》，悲凉豪迈、意蕴无穷，仿佛一下子把我们带回了金戈铁马的沙场。不知道男人们是不是天生就会对兵器、战争等字眼感兴趣呢？或者从小就有过征战沙场、马革裹尸、豪气干云的憧憬？身披盔甲、英姿勃勃骑在战马之上的铁血儿郎又有多少次幻化成自己的身影？如今来到冷兵器时代，这儿时的梦想是不是一触即发了？也罢，反正现在开始恶补文化知识再去考举人怕是来不及了，倒不如凭借一身肝胆到军队里去闯一闯，说不定还能从士兵到将军，来个完美的蜕变呢！

唐朝之所以强盛，与其强大的军事力量脱不了干系。当时民风豪健尚武，一代女皇武则天更是开创了武举，对于武将的重视可见一斑。有唐一代，也确实是个军事人才辈出的朝代，李世民、薛仁贵、李靖、尉迟恭、屈突通、秦琼、郭子仪、李晟、高骈、安禄山、史思明、黑齿常之、高仙芝、李光弼、李怀光、哥舒翰、仆固怀恩……这一个个闪闪发光的名字，不管是彪炳史册的还是遗臭万年的，都在唐朝的军事史上留下了浓墨重彩的一笔。

唐朝初期沿袭府兵制，府兵就是基本的常备军。府兵的来源主要是从自耕农和地主中挑选，后来则渐渐以贫苦

农民充役。按照规定，“三年一简”，也就是三年征一次兵，服役期限从二十一岁至五十九岁，基本上就是终身服役了。征选的标准是“财均者取强，力均者取富，财力又均先取多丁”（《唐律疏议·擅兴》）。服役期间，府兵本身是免除课役的，但军资、衣装、轻武器（弓箭、横刀）和上番赴役途中的粮食需要自备。每一火（一火十人）还要共备马（或驴）六匹以供运输，也就是所谓的“六驮马”。

神态各异的士兵　壁画

府兵们平时务农，农闲练武，有事出征，其主要任务是番上宿卫和征防。所谓番上宿卫就是轮流到京师宿卫，由十二卫将军分领；出兵征防时则有朝廷命将统率，调遣时必须持兵部所下的鱼符，经州刺史和折冲府（府兵的基本组织单位）将领勘验后方可发兵，战争结束后则“兵散于府，将归于朝”（《新唐书·兵志》）。随着均田制的破坏，府兵制也失去了赖以生存的经济条件，再加上战事频繁、兵役繁重，府兵制急剧衰落，终于被募兵制所取代。

除了十二卫所领的上番府兵（南衙禁军）保卫京城外，还有单独组建、守卫宫禁的北衙禁军。这支皇帝的亲兵最初是从跟随李渊起事的军人中拣选组成，称为“元从禁军”，系父子相代，专事宫城宿卫。后来，太宗从中选善骑者百人，供戍卫、田猎之用，号“百骑”；另选骁壮者于玄武门左右屯营，号“飞骑”。高宗时，置左右羽林军。武则天时，改“百骑”为“千骑”。中宗时，改“千骑”为“万骑”，分左右营。玄宗时，增左右龙武军。肃宗时，又置左右神武军。后来的禁军也多为招募，更受到宦官控制。

既有安内必有攘外。唐初驻防边境的军事机构称为镇和戍，均有上、中、下之分，每镇设镇将、镇副各一人，每戍设戍主、戍副各一人。驻守边防的士兵一般是各地轮番到边境戍守的戍卒，叫“防人”，也是三年一轮值，还要自备粮食；另外还有少数招募来的士兵，称“防丁”或“丁防”。后来，开始招募可以长期从军的人，称为“长征健儿”，这些士兵的资粮都是由官府提供的，因此也称为“官健”，也就是由国家供养的职业军人。唐朝后期地方藩镇的军人主要来源于官健。此外，北方部分州还有一些民众武装，叫做“团结兵”，多是“选丁户殷赡，身材强壮者充之”（《唐六典·尚书·兵部》）。对于这些“民兵”，虽然不入军籍，政府也是提供口粮的，并且免其征赋。他们的主要任务就是配合军队防卫边疆，一般由州刺史或节度使来统辖。

看到这里，恐怕大家也不难想象为何唐朝后期会出现各方节度使坐大的局面了吧。人家不但有钱、有人，还有土地，豢养大批军队与朝廷抗衡也是大势所趋，终至“自国门以外，皆分裂于方镇矣”（《新唐书·兵志》）。节度使统领的军队叫藩镇军，由于屯驻地区与任务的不同分为牙兵、牙外军、外镇兵等。其中牙兵又称中军、牙内兵，是节度使的亲兵，屯驻在节度使治所，人数多，战斗力强；牙外军又称外营兵，屯驻在节度使治所的外城；外镇兵则屯驻在藩镇属郡的关津要地。

同时，唐朝法律完备，军事法律亦如此。比如《卫禁

律》、《擅兴律》、《捕亡律》、《宫卫令》、《军防令》、《兵部式》、《兵部格》等律令，对军人的职守、赏罚等都有详细的规定。

虽然鼎盛繁荣、歌舞升平，但唐朝也不是个全然没有战争的朝代，安史之乱与藩镇割据自不必说，就算是对外战争也打得不亦乐乎。唐朝曾先后远征东西突厥，并最终取得胜利，使得北部边境数十年无大战事；巩固东北边防，举兵进攻反唐的奚、契丹，大破之；灭高昌，收其地为州县，打通了去西域各国的通道，促进了和西方诸国的联系；灭百济和高句丽，结束了朝鲜的三国时代，在征百济的过程中，中国和日本发生了历史上第一次战争，日本入援百济的海军全军覆没；击焉耆、小勃律；与吐蕃长期作战，对当时的历史进程产生了重要影响；联手回纥等部击灭后突厥汗国；与南诏政权多次互相攻战，终使南诏国力耗尽而亡……所以，唐朝的军人可不是个每天喝酒、打牌、吃闲饭的清闲职业，那是得真刀真枪玩命儿的！

职业优势：强身健体、免除课役；一展铁血男儿征战沙场、保家卫国之豪情壮志，累积军功而升官，彪炳史册。

附：唐朝武官品秩

正一品	天下兵马大元帅、统兵大都督、天策上将、镇国公、靖国公、辅国公、护国公、卫国公
从一品	骠骑大将军、安西节度使
正二品	辅国大将军、神策大将军、龙武大将军、神武大将军、镇国大将军
从二品	左卫上将军、右卫上将军
正三品上	冠军大将军、怀化大将军
正三品	羽林将军、骁卫大将军、武卫大将军、威卫大将军、领军大将军、金吾大将军、监门大将军、千牛卫大将军

从三品下	归德大将军、云麾将军
正四品上	忠武将军
正四品	轻车都尉
正四品下	壮武将军、怀化中郎将
从四品上	宣威将军、中郎将
从四品下	明威将军、归德中郎将
正五品上	定远将军
正五品	骑都尉
正五品下	宁远将军、怀化郎将
从五品上	游骑将军
从五品下	游击将军、归德郎将
正六品上	昭武校尉
正六品	骁骑尉
正六品下	怀化司阶
从六品上	振威校尉
从六品	飞骑尉
正七品上	致果校尉
正七品	云骑尉
正七品下	怀化中候
从七品上	翊麾校尉
从七品	武骑尉
从七品下	归德中候
正八品上	宣节校尉
正八品下	宣节副尉、怀化司戈
从八品上	御侮校尉
从八品下	御侮副尉、归德司戈
正九品上	仁勇校尉
正九品下	怀化执戟长
从九品上	陪戎校尉
从九品下	归德执戟长
	军曹、军士、新兵、马夫

唐朝“小桂子”的权力有多大？——阉人

纳尼？这是要建议大家到唐朝去当宦官吗？竟然还当做一个职业来规划？作者的脑子是不是进水了？！您可千万别小瞧了唐朝的宦官，他们可是一群呼风唤雨、手眼通天的主。这么说吧，封建社会谁最大？皇帝吧？可他们就敢骑在皇帝头上撒欢，一个不遂心就把皇帝裁撤了，再换个新的；别说其他人的命，就算是皇帝的小命都手拿把攥地掌握在他们手里，谁敢不服！再说了，这个职业可不是谁想干就能干，这份工也不是谁想打就能打的。看看这些宦官之最您就明白了。

最贤德的宦官——高力士

一提到宦官，恐怕很多人都会首先想到阿谀奉承、行事猥琐、祸乱宫闱的丑恶太监嘴脸。其实不然，宦官中也有忠心侍主、恃宠不骄、远见卓识的奇葩，像是唐玄宗身边的高力士，就被称为“千古贤宦第一人”。

高力士本名冯元一，起先是受到武则天的赏识，后来被临淄王李隆基引为知己。在诛杀韦皇后、安乐公主和武氏党羽的宫廷政变中，力士参与谋划有功，得以擢升，成为玄宗心腹。据考证，高力士为人文武双全、颇有肚量、实行善事，并且有着非凡的政治眼光与决断能力。“（高力士）长六尺五寸，谨密，善传诏令，为宫闱丞。”（《新唐书·高力士传》）“善于骑射，一发而中，三军心服”；虽然权倾朝野，但“中立而不倚，得君而不骄，顺而不谀，谏而不犯。（进）王言而有度，持国柄而无权。近无闲言，远无横议。君子曰：此所谓事君之美也。”（《唐故开府仪同三司兼内侍监赠扬州大都督陪葬泰陵高公神道碑并序》）玄宗对他的器重那是众所周知的，“四方奏请皆先省后进，小事即专决”；朝廷内外的大臣们也很尊重他的意见，他也常常能参与国家大事的决策并可以直接向皇帝提建议，可以说是玄宗政治上和生活上的有力助手。为示尊宠，玄宗经常以“将军”称之；太子李亨管高力士叫“兄”；其他亲王、公主叫“阿翁”，可见力士隆宠之盛。

但是，高力士手握重权并不是靠巴结逢迎得来的，也并没有因此而昏了头，更没有利用皇帝的信任而胡作非为，仍然小心谨慎，凡事适可而止。史书说他“性和谨少过，善观时俯仰，不敢骄横，故天子终亲任之，士大夫亦不疾恶也”，可以说高力士是个聪明人，清楚自己的位置和身份，知道哪些事该做哪些事不该做，这诚然跟当时的政治环境有关，但也是他人品的表现。

高力士一生效忠玄宗，玄宗凄凉的晚年更是只有一个高力士陪伴左右。后来，他因被诬流放巫州，直到代宗即位后才遇赦还京。听闻玄宗驾崩后，“号天叩地，悲不自胜”，终因哀恸过度而去世，死后陪葬玄宗泰陵。

第一个宦官丞相——李辅国

据《旧唐书·李辅国传》记载，李辅国出身卑贱，相貌丑陋，粗通文字，在太子东宫是一个喂马的太监。但就是这么一个人，因为尽心侍奉而得到太子李亨重用，更因为在安史之乱中拥戴太子称帝而被新即位的肃宗视做左膀右臂，把军政大事都委托于他。“乃还京师，专掌禁兵，常居内宅，制敕必经辅国押署，然后施行……常于银台门决天下事，事无大小，辅国口为制敕，写付外施行，事毕闻奏。”（《资治通鉴》）他不但手握军权，控制朝廷内外和京师的禁军，还可以决断天下大小事务，以自己的意愿发布敕令让天下执行；朝臣们想见到皇帝都要经过他安排，皇帝的

诏书也要有他的签名才能施行……真可以说是一手遮天了。宗室贵人们畏于他的权势，都以“五郎”尊之，宰相李揆更称他为“五父”。可李辅国并不满足，人家也是有梦想和追求滴——要当唐朝的第一位宦官宰相！此举遭到宰相萧华的极力反对，李辅国因此怀恨在心，终于找个机会将萧华逐出京城。

李辅国之所以能够为所欲为，与皇后张氏也脱不了干系，两人狼狈为奸、内外专权。但在决定储君的问题上，两人产生了严重分歧，李辅国支持太子李豫登基，可皇后想让越王继位。最后，李辅国带着亲信发动宫廷政变，处死了张皇后和越王等人，重病中的肃宗李亨也在惊吓和屈辱中死去，李辅国拥戴代宗即位成功。

代宗上台后，为了表彰李辅国的拥立之功，册封他为司空兼中书令，李辅国终于实现了他的宰相梦。

逼宫弑君之始——王守澄

要说之前的宦官们权倾朝野、把持朝政，可对于在位的皇帝都还存着那么点忌惮，最起码不敢威胁皇帝的性命吧。可这位王守澄非同一般，连皇帝都敢杀。唐宪宗统治后期痴迷于追求长生不老之术，因为服食丹药而变得喜怒无常，动辄拿身边的宦官宫女们撒气。宦官们朝不保夕，为了自保，王守澄与其他宦官密谋杀死了宪宗，对外宣称宪宗是服丹药毒发身亡，然后拥立太子李恒即位，是为唐穆宗。就是从王守澄开始，宦官们挟制君主、弑君立君，全凭一己之好，所以史称：“自元和之末，宦官益横，建置天子，在其掌握，威权出人主之右，人莫敢言。”

穆宗即位后，对王守澄十分感激，再加上本身昏庸无能，便把军政大权都交给王守澄。自此，王守澄专擅朝政达十余年之久。穆宗病死之后，敬宗李湛即位，这又是个耽于玩乐的主儿，除了疯玩没有别的本事。此时牛李朋党之争非常激烈，王守澄利用朝纲紊乱之机，公开收受贿赂、贪赃枉法，肆意搜刮民脂民膏，无恶不作。

王守澄的权势引起了以刘克明为首的另一派宦官的嫉妒，便想到用换新君的方式得到皇帝宠爱，进而取代王守澄的地位。刘克明等人暗杀了敬宗，矫诏让绛王即位。可王守澄毕竟不是等闲之辈，联合亲信调动神策军将刘克明一伙歼灭，迎立江王李涵为君，就是唐文宗。至此，王守澄已经身居三朝拥立之功，权高位重无以复加。不过，王守澄这次可打错算盘了，文宗对于宦官专权那是深恶痛绝，一心想要铲除阉患。最终，文宗利用王守澄和仇士良两个宦官集团之间的矛盾，以毒攻毒诛杀了王守澄这个权倾一时的阉党小人。

挟帝有术——仇士良

除掉王守澄之后，唐文宗本想趁热打铁，一举歼灭仇士良一派。在与亲信李训、郑注密谋之后，文宗设下圈套，以欣赏甘露为名借机诛杀仇士良。可是这个皇帝有点儿背，不但事情败露，自己也被仇士良等宦官趁乱劫持，从此成了仇士良手中的傀儡。劫持了皇帝的仇士良，立刻打着皇帝的幌子展开报复，很多没有参与事变的官员也受到牵连，官吏士卒被杀的有六百多人，朝廷几乎空了。“自是天下事皆决于北司，宰相行文书而已。宦官气益盛，迫胁天子，下视宰相，陵暴朝士如草芥。”（《资治通鉴》）这就是史上著名的“甘露之变”。

这之后，仇士良掌握了朝中大权，朝纲更加混乱。开成五年，文宗病重，下令太子监国。仇士良得知后闯入宫中，声称太子年幼又身患有疾，“请更议所立”。后来更是颁发伪诏，立文宗之弟李炎为皇太弟，另封太子为陈王，在文宗死后扶持武宗李炎上台。

武宗感恩图报，对仇士良大加赏赐。仇士良更加猖獗，开始翻旧账，把昔日的竞争对手、文宗生前宠幸的宦官、乐工，甚至是王公、后妃都一一清除。武宗自然不满于他的一人独大，对他采取“内实嫌之，阳示尊崇”的方法，然后任用李德裕为相来限制他的权力。老谋深算的仇士良看出了武宗的心思，想铲除李德裕而不得，只得假意提出告老还乡。没想到武宗顺水推舟，立刻答应了，仇士良聪明反被聪明误。

仇士良历经六朝，专权二十余年，不可不谓宫廷斗争经验丰富。临行前，仇士良把自己总结的一套固宠之术传授给手下党羽：不能让天子闲着，要让他们沉迷于奢靡玩乐而无暇顾及其他事情，我辈才能将实权掌握在手里。更不能让他们读书、接近读书人，否则他们就会从儒生那里知道前朝兴亡的经验教训，势必有所忧惧而疏远我辈了。这倒真算得上一番“真知灼见”！

皇帝的“阿父”——田令孜

田令孜是唐懿宗时的小马坊使，与当时还是普王的僖宗交好，僖宗甚至亲昵地称田令孜为“阿父”。僖宗即位后，田令孜也一跃成为权力最大的宦官。僖宗登基时年岁尚小，在田令孜的教唆下，整天就知道吃喝玩乐、大肆挥霍，根本无心政事。这样，田令孜就在朝廷内外呼风唤雨、说一不二了。为了满足私欲，他公然卖官鬻爵，想做官的只要走他的后门，送礼行贿就可以一步登天。他任命官吏根本不用告诉僖宗，可以全权做主。当时已是唐朝末期，僖宗在田令孜的蒙蔽下不思进取，腐败的统治更加导致了矛盾的激化，终于引发了黄巢领导的黄巾军大起义。田令孜只得带着僖宗逃离长安，投奔四川。

黄巾起义失败后，田令孜反把镇压农民起义的功劳归到自己身上，更加骄横，只要是对自己稍有威胁的，便立即除去；一边还在培植自己的党羽，禁制皇帝，僖宗越来越认识到自己傀儡的身份，却无力回天。田令孜的倒行逆施也激化了各方矛盾，镇压黄巾军起义立下功劳的节度使李克用、王重荣与田令孜、朱玫、李昌符因为权力之争而展开会战，眼看长安告急，田令孜不顾僖宗反对，再次胁迫僖宗出逃。出逃途中，僖宗与身边的大臣们把矛头一致对准了田令孜，终使之被迫交出权力。直到僖宗去世后，其弟昭宗李晔即位，才下令赐死田令孜。

其实在唐朝早期，宦官们并没有什么权力，自从玄宗时高力士得宠以来，宦官的地位才一步步升高，直到翻手为云覆手为雨，终于成为历史上三大宦官时代之一。

职业优势：权力通天，别说生杀大权，就算换个皇帝也是小菜一碟，咱说了算！

创意达人的手工空间——匠人

如果您有一双巧手、如果您具备不怕吃苦以及善于钻研的精神，如果您极富创造力、有闪现不断的灵感小火花和创意idea，那么来大唐吧，我们竭诚欢迎您成为手工业者的一员！别误会，这可不是什么招聘广告，既然亲们来到唐朝，总得有一技之长谋生吧！前几种职业要么门槛儿太高，要么风险大大滴，总之不容易混。可做匠人就不同了，只要您具备前面列出的几项条件，混个温饱还是不成问题的！看看人家刘三好（TVB电视剧《宫心计》），凭借手艺和做人从一个宫廷里的女工学徒一步步攀升，摇身一变成了妃子；再看看人家京城著名金器作坊“鉴金号”（TVB电视剧《公主嫁到》），也能娶到公主做媳妇，与皇家结姻缘。虽说电视剧总有点戏说演绎的成分吧，但这两部都体现了唐朝手工业元素，只不过一个是官

方的，一个是民间的罢了。不过，这两部戏只是给大伙儿热热身，至于唐代的匠人们到底是个什么样的生存状态呢，咱们还真得详细地说道说道。

自殷周以来，手工业生产者基本上都被称做“百工”，但纵观历朝历代，匠人们的社会地位却不尽相同。有唐一代，法令规定工匠的身份与一般农民等同，也就是说，他们原则上就是平民百姓。

这时的手工业分为官、私两种，官方手工业主要由少府监和将作监负责，“少府监之职，掌百工伎巧之政令”；将作监主要负责土木工程。官方手工业的劳动力主要分两类：一类是因犯罪而成的官奴婢和刑徒、流徒；另一类是征自民间的各类工匠和丁夫。所谓“官奴婢”是指那些犯了谋反和谋逆大罪的人，其家属男女老幼及奴婢一律籍没入官，统称官奴婢。《宫心计》中刘三好和她的娘以及婢女姚金铃就是以官奴婢的身份进宫的。但由于第一类劳动力的人数较少，所以官方手工业的主要劳动力是第二类。为了便于征调，民间工匠都有专门的匠籍。匠籍按照各工种分门别类编制，写明各工种工匠的人数和人名，每三年一造，以各州县为单位层层上报，最后由户部总领，这样政府就对各地的工匠建立了详细的档案资料。同时，政府又按地区进行划分，对工匠实施军事化的编制管理，即“凡工匠以州县为团，五人为火，五火置长一人”（《新唐书·百官志》）。这样，政府就可以根据需要，按籍索匠，随时征调。被征调的工匠们就等于是服役，分为短蕃匠、长上匠、明资匠和雇匠，还出现了纳资代役的规定。不过，“巧手供内者，不得纳资”（《唐六典·尚书户部》），也就是说能工巧匠们是不能交钱代替服役的，必须服现役。民间私营手工业主要有手工工场和家庭个体手工业，前者的从业人员通常是平民，来自雇佣和招募；后者是由家庭成员承担，有时会亦工亦农。

这时的手工业者一般都是世代相传的，《唐六典》记载，工匠“散出诸州，皆取材力强壮，技能工巧者，不得隐巧补拙，避重就轻……有缺则先补工巧业作之子弟，一入工匠后，不得别入诸色”。遇到名额短缺的要以家族子弟递补，这表明了工匠是世袭的。即使是官方手工业者，也采取“教作者传家技”的授艺方式。例如中唐时有位李姓织锦人自称“世隶东都官锦坊”；又如湖州有一染户，“三代治蓝靛”，以印染为生。这些记载都证明民间工匠的特殊手艺传承是在家族中进行的，且传子不传女，但可以在兄弟子侄之间传授，甚至传给媳妇也不传给女儿，就是怕女儿出嫁后会使家传秘技外泄。

除了家族传承，还有师徒相授的传艺方式，如韩愈《师说》所云：“巫医、乐师、百工之人，不耻相师。”据说当时的面脂手膏等保健用品就是在

师徒之间传授的。而根据技艺的难易程度，从事学习的时间也不尽相同。“功多而难者限四年、三年成，其次二年，最少四十日，作为等差。”（《唐六典·少府监》）“细镂之工，教以四年；车路乐器职工，三年；平漫刀槊之工，二年；矢镞竹漆屈柳之工，半焉；冠冕弁帻之工，九月。”（《新唐

《捣练图》 唐·张萱

此图是盛唐一幅重要的风俗画。画面表现宫中仕女加工绢丝的场面。全图十二个人物，共分三组：起首是捣丝，中间是理丝、缝合，最后是把绢拉直、熨平

书·百官志》）不过不管是何种私相授受方式，虽然可以保密一时，但却限制了技术的交流与进步。

东西做成了还不行，还得通过质量检验。对于制成品的检验，我国早有“物勒工名”的制度。《吕氏春秋》有云：“工师效功……必功致为上。物勒工名，以考其诚。工有不当，必行其罪，以穷其情。”也就是说工匠在制成品上镌留自己的名字，以备检核。唐朝有明确规定：“其造弓矢、长刀，官为立样，仍题工人姓名，然后听鬻之；诸器物亦如之。以伪滥之物交易者，没官；短狭不中量者，还主。”（《唐六典·太府寺》）也就是所有的手工业产品都要题写工匠姓名，抵制伪劣产品。这个规定是不分官私的，如法门寺地宫中出土的金银器上皆有题名，“匠臣邵元审”、“打造作官赵志宗”、“打造匠安淑郎”等，都是隶属于官方作坊的工匠；民间的如柳宗元介绍的梓人都料匠，造屋既成，“书于上栋

曰，某年某月某日某建，则其姓字也”（《柳河东集·梓人传》）。连造房子都要在梁上刻上匠人的大名，可见“物勒工名”的制度落实的程度了。随着商品经济的发展，工匠的手艺好、制作的产品精，便会赢得买主和使用者的赞许，名声也就随之传播开来。从这个角度说，“物勒工名”反而成了为商品打广告的一种手段，倒是可以打响工匠的品牌知名度了。

唐朝的手工业有以下几个特点：一、规模大，分布广。据《唐六典》记载，少府监役使的“技能工巧”的工匠就有一万九千八百五十人；在将作监劳作的工匠也有一万五千人。民间私营手工业的规模也不小，《朝野佥载》记载，定州何明远“赀财巨万，家有绫机五百张”，从事丝织品生产。二、分工细。当时的手工业分为采掘与冶炼、铸铜业、铁器制造业、兵器制造业、金银制造业、建筑业、造船业、纺织与印染业、陶瓷业、制茶业、制盐业、粮食加工业、漆器业、造纸与印刷业等几个大的部类，许多大部类中又划分为若干小类。拿少府监的织染署来说，就包括二十五个作坊，“织纴之作”有布、绢、纱、绫、罗、锦等十种；“组绶之作”有组、绶、绦、绳、缨五种；“紬线之作”有紬、线、弦、网；“练染之作”有青、绛、黄、白、皂、紫六种。民间亦如此，《太平广记·奚乐山》条引《集异记》云：“上都（长安）通化门长店，多是车工之所居也。广备其财，募人集车，轮辕辐毂，皆有定价。”轮、辕、辐、毂都由专人制作，可见各有分工、各司其职。大致说来，在同一作坊工作的工匠都是“同作人”，他们分工协作、彼此配合，有条不紊地从事不同工种的劳动。三、新技术传播速度快。唐朝交通发达、社会开放，新技术一旦流传就会很快覆盖全国。玄宗时柳婕妤的妹妹“性巧慧，因使工镂板为杂花象之而为夹结……后渐出，遍于天下”（《唐语林·贤媛》）。“夹结”又叫“夹缬”，是一种印花染色技术。襄州的漆器也是一种流传广泛的技术，“襄州人善为漆器，天下取法，谓之襄样”（《唐国史补》）。四、技艺精巧。唐中宗的女儿安乐公主有一条百鸟毛裙，据说是以百鸟的羽毛织成，百鸟之状，并见裙中，从正面看是一种颜色，从旁边

看是另一种；从阳光下和阴影中看也分别呈现不同色彩，真可谓极尽精巧之能事。再如法门寺地宫中的金银器、名震世界的唐三彩……都是当时工艺精湛的集大成之作。

职业优势：术业有专攻，就业零压力；基本上属于铁饭碗在手，走遍天下都不愁。

读懂唐朝的贸易关键词——商人

战国以来，历代执行重本抑末政策，“本”是指农业，“末”是指工商业，尤其是商业。所谓“士农工商”，商是被排在最末位的，可见商人的地位历来都处在最底层。不过，随着生产力的发展、经济水平的提高、人们生活需求的增加，商业也不是说抑制就能被主观抑制的。唐朝作为我国封建社会中的著名盛世，交通发达、产业兴旺，商业活动自然也格外活跃。相应的，唐朝的商人，其社会地位也有了显著的提高，甚至成了人们竞相从事的一种职业。姚合《庄居野行》中云：“客行野田间，比屋皆闭户。借问屋中人，尽去作商贾。”《大唐新语》中也有记载：“江淮俗尚商贾，不事农业。”

当然了，即使同为商人，也要分个三六九等滴，唐朝的商人队伍主要可以分为以下四类：

一、小商。他们资产有限，营业范围小，有的甚至亦商亦农，在整个商人队伍中人数最多。

敦煌壁画《商旅图》

二、中等商人。他们拥有一定的资本，通常要雇人参与商贸活动，从中取得较多的利润。

三、富商。他们经济实力雄厚，活动范围广，在整个商人队伍中为数甚少。

四、官商。他们要么是朝廷官员，指使下属经商；要么本来是富商，以钱买官，成为亦官亦商的人物。

关键词：草市

唐朝的商品贸易大致可以分为国内贸易、边境互市贸易和对外贸易三类。既然要进行交易，就需要交易的地方，市场就成为不可或缺的所在。前面曾经提到过，唐朝实行坊市管理，对于市场的设置地点、开放时间都有严格的规定。当时只有在州、县所在地以及东、西两京才能置市，并设置市令，管理市场的贸易事宜，如长安的西市和洛阳的南市，就是当时最典型的大型商贸市场。但是规定是规定，随着商业贸易的发展，市场打破了政府的限制，很多州、县城外都自发形成了各具特色的地区性商贸市场，称为“草市”。

草市一般设在州县城外的水陆交通要道，或者关津驿站所在之地。交易的商品主要是水产品、盐、酒、日用百货等生活必需品。王建有诗云：“天涯同此路，人语各殊方。草市迎江货，津桥税海商。”诗中描写的就是汴梁城外的草市。据记载，唐朝以前华北地区并无草市；自中唐到五代，这一地区的草市逐渐增多。因为靠近水路，货物运输便利，江淮地区草市众多。白居易称，东南部很多地方“亥市鱼盐聚”，“亥市”就是草市，每逢亥日在市集上进行商品交易，倒是跟今天很多地区的“赶集日”颇为相似。张籍《江南曲》云：“江村亥日长为市，落帆渡桥来浦里……长江午日酤春酒，高高酒旗悬江口。倡楼两岸悬水栅，夜唱竹枝留北客。”不但可以买卖交易，还可以喝酒耍乐，通宵达旦，真是够繁华热闹的！商业繁荣的益州、蜀州自然也不甘人后，“蜀中每春三月，为蚕市，至时贸易毕集”（《王国故事》）。眉娘《和卓英英锦城春望》中也有云：“蚕市初开处处春，九衢明艳起香尘。”岭南地区也出现了为数众多的草市，柳宗元描写柳州的草市，说：“郡城南下接通津，异服殊音不可亲。青箬裹盐归峒客，绿荷包饭趁虚人。”寥寥数笔，将当地草市的地方特色描写得栩栩如生。虽然以上草市的名称各异，但性质相同，都是未经官府批准、自发形成的市场。这些草市的出现，大大丰富了人们日常生活中的商品交易活动。

关键词：邸店

《唐律疏议·名例四·平赃者》云：“邸店者，居物之处为邸，沽卖之所为店。”邸与店在唐初之前是有所区分的，“邸”是指堆放货物的货栈，类似于今天的货仓；“店”是买卖货物的场所。唐初以后，邸店除了供客商堆放货物，也可以住宿，甚至在店内进行商品交易，成了集货仓、交易、住宿于一身的场所，也被称为邸舍、邸肆、邸阁、邸铺等。

邸店收取邸值，也就是住店存货的栈租。与旅馆、客栈一样，经营邸店也是当时获利丰厚的行业之一，因此一些朝廷官员也有开邸店谋利的。据《旧唐书·玄宗纪》记载，开元二十九年正月，“禁九品以下清资官置客舍、邸店、车坊”。但是，随着需求的增加，邸店还是大量涌现，尤其是在大城市的市场周围。唐中叶以后，郊外乡村也有邸店出现，有些节度使甚至在关隘要道设邸店，强行征收商税。

关键词：牙人

前面说邸店也是有交易功能的，是指客商带着货物住进邸店后，邸店的主人或是牙人就可以从中牵线搭桥，帮客商把货物卖出，或者再买入其他货物。由此可见，牙人就是撮合买卖双方并从中获取佣金的人，也叫做牙子、牙郎、牙侩。用咱们现在的话说，应该就是中介或者经纪人了。

唐代牙人还是很活跃的，小到柴炭、时蔬，大到田产、物业的买卖，都有牙人居间操作的身影。《博异志》中记载了这样一则故事，玄宗天宝年间，金陵人陈仲躬携数千金到洛阳清化里租房子，“明旦，忽有牙人叩户，兼领宅主来谒仲躬，便请移居，并夫役并足。未到斋时，前至立德坊一宅中。其大小价数，一如清化者。其牙人云：‘价值契本，一无遗缺。’并交割讫”。这个故事里的牙人，就是进行房租买卖租赁的中介。安禄山和史思明年轻时都是牙郎，通晓数国语言，在边境互市帮助买卖双方进行交易，应该算是史上最有名的中介了。中唐时，交易中已经大量使用牙人，牙人具有一定的社会地位，随后还出现了牙行。

关键词：行会

虽然工商业早已有之，但行会组织是在隋唐时期才开始出现的。见于文献的有米行、生铁行、炭行、磨行、肉行、油行、屠行、果子行、靴行、杂货行、染行、布行、秤行、冶成行等等，涉及生活的方方面面。诸行都设有行头、行首，他们一方面配合官府工作；一方面规范、监督行业内的交易行为，检查不法行为。例如：唐德宗和宪宗曾一再下令，市场交易使用欠陌钱者，“宜但令本行头及在停主人、牙人等，检查送官。如有容隐，兼许卖物领钱人纠告，其行头、主人、牙人，重加科罪”（《唐会要》）。可见行头是有责任维护市场秩序的。另外，行会内部也是存在长幼尊卑的等级关系的，行头、行首可能是由同行业的成员推举出来的，但他们并不是政府的胥吏。

关键词：柜坊

柜坊又称寄附铺、僦柜、质库、质舍，是替人保管金银钱物的商户，人们可以先将铜钱存放于柜坊中，交易时随时取用，避免了随身携带大量银钱的麻烦。这种专营存储业务的柜坊在唐玄宗开元初年已经出现，可以说是最早的银行雏形；但与银行不同的是，银行会付给存款人利息，但柜坊不但不支付利息，存款人还要向柜坊缴纳租金。《太平广记》中记载富人窦乂常常资助一个穷困潦倒的胡人米亮，米亮感激万分，发誓一定会报答窦乂。时隔不久，米亮告诉窦乂，崇贤里有一套住宅要出售，建议窦乂赶紧买下来。窦乂在西市柜坊中锁钱盈余，“即依直出钱市之”。在签购房合同的时候，米亮告诉窦乂，自己专攻玉石，那座宅院里有一块黑色捣衣石，其实是一块于阗玉，窦乂可以立刻发大财了。当然，在提取所存钱物时是需要特殊的凭证的，一般是“持帖支钱”。

同时，柜坊还兼有对外贷款和受托寄卖商品的功能。贷款时会收取抵押品，到期未赎取的抵押品就会被出售变现，这么看来倒也颇似当铺的性质。蒋防《霍小玉传》中描写霍小玉生活窘迫，“往往私令侍婢卖箧中服玩之物，多托于西市寄附铺侯景先家货卖”。这就类似于后世的寄卖商店了。

唐

关键词：飞钱

唐朝的流通货币以铜钱为主，可是铜钱实在是够分量，每贯重达六斤四两，携带十分不便，于是就出现了代替铜钱流通的纸质信用工具——飞钱。

飞钱始于唐宪宗元和初年，《唐会要》记载："时商贾至京师，委钱诸道进奏院及诸军、诸使富家，以轻装趋四方，合券乃取之，号'飞钱'。"可见这其实是一种汇兑业务，有两种形式：一是官办，商人在京城把钱交给诸军、诸使、诸道设于京城的进奏院，并开具凭证，记载着地方和钱币数目，然后携券到异地提款。二是私办，大商人在各主要城市有联号或交易往来，代营飞钱业务，以此牟利。这一业务的出现不但减轻了携带大量铜钱的不便，还减低了对铜钱的需求，缓和了唐中期钱币不足的窘境。因为使用起来非常方便，飞钱又被叫做"便换"，但它并不行使货币职能，不能算是真正意义上的纸币。

关键词：专卖

别误会，这里的专卖可不是某些商品的专卖店，而是国家对某些商品进行垄断性的买卖，称之为专卖，古代叫做"榷"。唐代的专卖商品主要是盐、茶和酒。

盐是生活必需品，榷盐就等于向全国人民征收人头税，因此历朝历代都很重视盐的专卖。唐朝实行盐法，凡是携带私盐十斤以上或煎炼私盐一斤以上的，一律处死，就是为了最大限度地打击私盐贩卖。不过国库是充盈了，盐价却涨了，唐朝中期刘晏主盐铁，"天下之赋，盐利居半"，可见利润之可观。

榷茶并不是一开始就有的，因为唐人对于饮茶的嗜好日浓，统治者们才注意到这也是征税的重要来源。据《旧唐书》记载，德宗建中四年，赵赞建议对茶漆竹木收税，"茶之有税，肇于此矣"。

榷茶由地方州县或盐铁使主管，除了进行批发经营外，还设有场与店铺作为卖茶的基本组织。前文提及唐人好酒，私人酿酒业发达，因此榷酤在唐朝实行起来总有些无可奈何的味道。唐初征酒税，令酒户按月缴纳；后又分别实行酒专卖，酒曲专卖，征榷酒钱；再后来又将榷酒钱均摊在青苗钱内。这种种措施的变化是政府针对私人酿酒、贩酒屡禁不止所做出的调整，以增加财政收入，至于效果如何，史料对于唐代酒税的记载很少，所以并不清楚。

关键词：市舶使

这是唐朝时期首创的官职。唐朝对外贸易发达，广州和扬州是当时最重要的两个商港城市，尤其是广州，被称为“中国最大的港口”（《道里邦国志》）。为了管理海外贸易，唐高宗显庆六年，唐朝政府在广州创设市舶使，总管海陆邦交外贸。李肇称停泊在广州的南海舶“有蕃长为主领，市舶使籍其名物，纳舶脚，禁珍异，蕃商有以欺诈入牢狱者”（《唐国史补》）。由此可见，市舶使的职责主要有以下几点：登记外国商船运载的货物；征收关税；代表朝廷采购舶来品；管理外商对皇帝进贡的物品；对市舶贸易进行监督管理，查禁唐朝不许进口的货物。从这些职责来看，市舶使无疑就相当于今日的海关人员，一应外来商货，均要经过报关才准进入国内。欺瞒不报是要吃官司的。

读懂了这些基本的商业关键词，亲们也可以带着自己的聪明智慧、MBA的知识体系和现代经营模式、管理经验在唐朝的商业舞台上大展一番拳脚了。至于那些国家垄断的专卖商品嘛，奉劝大家还是少碰为妙哦！

职业优势：凭本事吃饭，多劳多得；顺便可以游历四方，增长见闻。

唐

【交际】

唐朝人的话你可听得懂

不但要学好古文，还得掌握“外语”—— 唐语四级考试

“昔在奉天，为行营都虞候。圣人门，都有几个贤郎。”

“奉天城斗许大，更被朱泚吃兵马楦，危如累鸡子。”

这是记录在《太平广记·常愿》里的几句话，现在拿出来算是两道测试题，既然亲们来到了大唐，可听得懂这两句话的意思？

这个嘛……前一句似乎好像也许可以猜个大概；至于后一句嘛……有点懵。这是人说的话吗？该不会是火星语吧？

NO！NO！NO！这当然不是火星语，当然是人话，还是唐人说的话！这两句话是德宗贞元年间的武将常愿对刘禹锡说的。第一句的意思是：以前在奉天，担任行营的都虞候之职。酒馆里都有几个饮酒人。第二句的意思是：奉天城只有斗大点地儿，还被朱泚的兵马塞得满满的，就像累在一

《宾客图》 唐·佚名

起的鸡蛋。

您答对了吗?

OMG!唐朝人也太潮了吧!这话说得比火星语还火星,比脑残体还脑残……

这您可就有所不知了,这些话在唐朝可都是俗语,刘禹锡称常愿“好作本色语”,也就是喜欢说俗语行话。

唐代的民间俗语可以说丰富多彩,往往能够一针见血地反映出事物的本质特征。一般来说,俗语都具有鲜明的地域性和行业性特点,有些直接就是音译外来词。比如盛唐时,朝廷的散乐艺人称“皇帝”为“崖公”,“高兴”为“蚬斗”,称每天在皇帝身边的艺人为“长入”。这些都是仅限于宫廷和特定行业中的说法。再比如白话诗僧王梵志的诗作中,就有大量的俗语词:“忽逢三煞头,一棒即了手”,这里的“了手”是“完毕、完结”的意思；“高马衣轻裘，伴涉诸王子”，“伴涉”意为“陪伴、伴随”；“候衙空手去，定是搦你勒”，“搦你勒”意为“抓你去，把你抓走”；“贫穷实可怜，饥寒肚露地”，“肚露地”意为“肚皮露出来”；“生平未必识，独养肥没忽”，“肥没忽”是形容身体肥胖；“儿回见母面，颜色耶没忽”，“耶没忽”意为“怎么样”……李肇在《唐国史补》中记载了当时的一些“坊中语”：“今荆襄人呼提为堤，晋绛人呼梭为莝，关中人呼稻为讨，呼釜为付，皆讹谬所习，亦曰坊中语也。”这里的“坊中语”就是指俚俗之语。

另外，这一时期“市语”纷杂，市语即行话。“长安市人语各不相同，有葫芦语、锁子语、纽语、练语、三折语，通名‘市语’。”（《类说》）行业的差异形成了不同的语言，但对于一般人来说，市语应该是非常难懂的。有点像后世的黑话，不是业内人士，肯定不知所云。

唐代还流行“廋词”，也就是隐语。《太平广记》引《嘉话录》载：“权丞相德舆言无不闻，又善廋词。尝逢李二十六于马上，廋词问答，闻者莫知其所说焉。”两个人明明是在用中文对答，可听者仍然不知所云，可见两人的隐语功力那是相当不一般啦！

查语也是唐代的一种流行语，亦称查谈。《唐语林·补遗一》曰：“近代流俗：呼丈夫妇人纵放不拘礼度者为查。又有百数十种语，自相通解，谓之查语。大抵多近猥僻。”可见“查语”就是指怪诞或不拘礼度的话。《酉阳杂俎》中也有记载：“予别著郑涉好为查语，每云：‘天公映冢，染豆削棘，不若致余富贵。’至今以为奇语。”连当时的人都不能明白话中的意思，真是怪诞到极致了。

嘲戏之风这时候也是一浪盖过一浪滴，无论是达官贵人还是市井小民，都可以嬉笑怒骂、调笑戏谑一番。《大唐新语·谐谑》记载着这样一则故事说，有一次，唐太宗

设宴招待身边近臣，君臣玩得均十分尽兴，甚至互相戏谑嘲笑。长孙无忌嘲笑欧阳询瘦削："耸膊成山字，埋肩不出头。谁家麟阁上，画此一猕猴。"欧阳询不甘示弱，马上回击嘲戏长孙无忌肥硕："索头连背暖，漫裆畏肚寒。只因心溷溷，所以面团团。"《隋唐嘉话》中也有一个故事，是说唐高宗时期有个小神童叫贾嘉隐，七岁时就得到朝廷召见。长孙无忌和徐世绩在朝堂上与他说笑，徐世绩戏言道："我所靠的是什么树？"答曰："松树。"徐世绩说："这是槐树，怎么能说是松树呢？"贾嘉隐回答："以公配木，怎能说不是松呢？"长孙无忌也问他："我所靠的是什么树？"答曰："槐树。"长孙无忌问："不改了？"贾嘉隐答道："哪里用得着改呢，但取以鬼对木罢了。"想必这位堂堂的长孙大人当时一定被气得眼歪口斜、口吐白沫了。这种嘲戏笑谑的语言游戏不但需要天资聪颖，还需要极敏锐的临场反应能力，而这股风潮能够在唐朝风行起来，自然跟唐朝开放宽容的社会风气脱不了干系。

呃，这么看起来，唐朝也是很不好混的捏！不管是哪种语言形式，总得先听得懂再说吧！看来不但要学好古文，还得掌握多门"外语"才行，否则的话，整天猜别人到底在说什么事小，一个不小心，说不定被人骂了还当好话听，被人卖了还帮着数钱，那可就亏大了！

救命啊！能不能给配个翻译先？

亲，认命吧，赶紧学习去！

#￥%&*@#￥%……

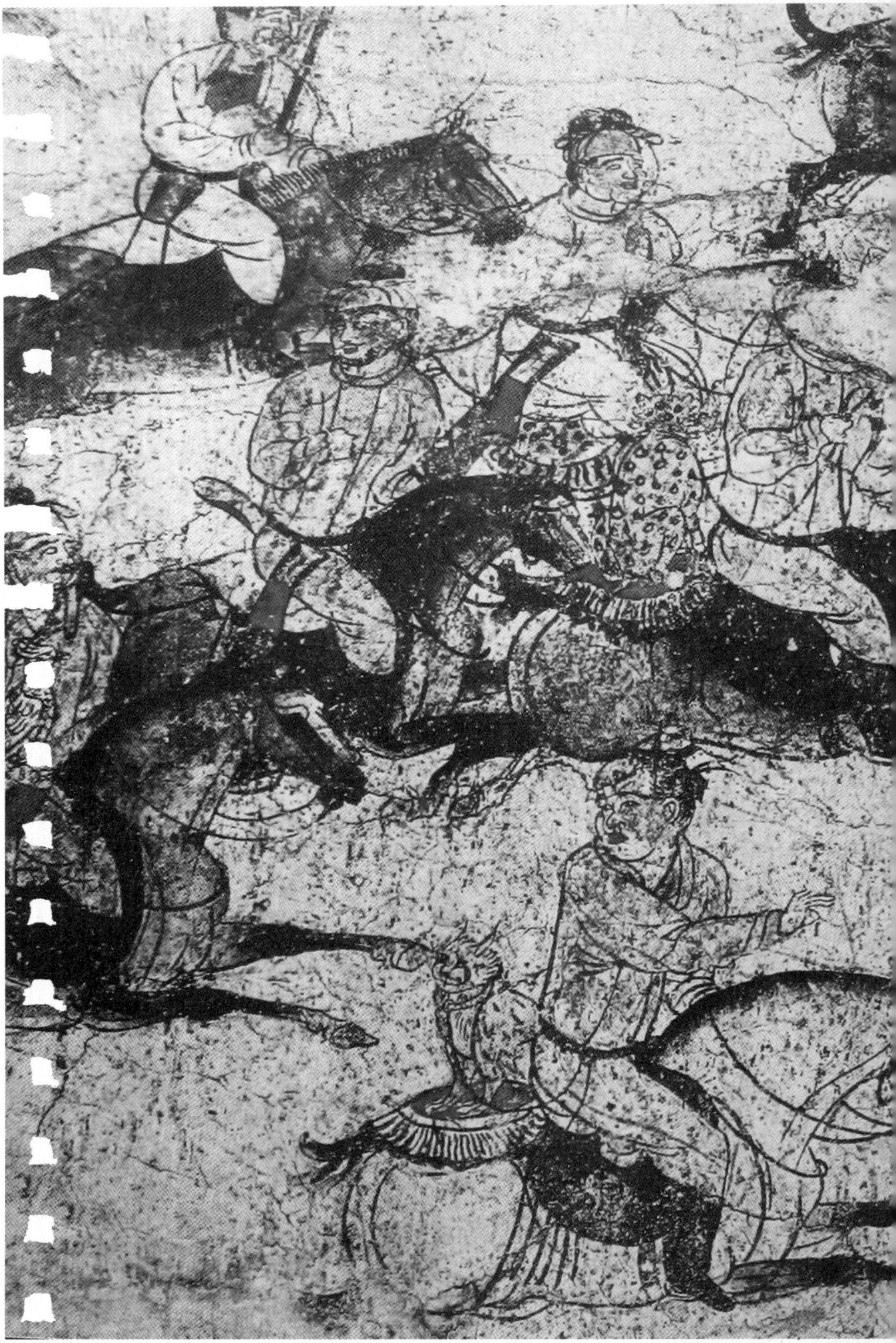

叁

越部

物质生活得到保障之后，咱们就该谈点精神层次的追求了。就算是在古代封建社会，人们也不能一天到晚苦哈哈地过日子吧，除了宗教方面的精神寄托，市民皇族的文化娱乐节目当然必不可少。唐朝不但节假日名目繁多，与之对应的各种娱乐游艺更是多种多样，有的甚至成为经典，流传千年，保留至今。这一部分由唐朝的宗教、节假日说开去，从音乐、舞蹈、文学戏曲、百戏游艺等几个方面介绍这个时期的娱乐项目，那些耐不住寂寞、喜好玩乐的朋友们不用再苦着一张脸了，赶紧随着自己的心意去玩转唐朝吧。

【文化】

唐朝人，精神世界很丰富

海纳百川——多元化的宗教信仰

不管您是佛教徒、基督徒，还是黄老学说的支持者，都可以在唐朝找到立足之地。唐朝的包容性，在其宗教政策上表现得格外突出，多元化的宗教信仰、各种教派并行而立，这在任何国家、任何朝代都是十分罕见的，但在大唐，一切皆有可能。

（一）道教

道教是唐朝的国教，因为老子姓李，唐朝统治者为了抬高自己的身份、凸显皇家血统的高贵，便自称是老子的后代，道教因此受到特别推崇。武德八年，唐太宗下诏序三教先后，以道教为首，儒教次之，佛教最后；贞观十一年，颁发《道士女冠在僧尼之上诏》，称道士女冠自今后以斋供行立，至于称谓可在僧尼之前，定道佛次序。乾封元年，唐高宗尊封老子

为“太上玄元皇帝”；开元二十五年，令道士、女冠隶属宗正寺。好家伙，想那宗正寺可是掌管皇族事务的，如此说来岂不是把道士道姑们都当成皇族看待了！还不止呢，《老子》、《列子》、《庄子》、《文子》这些道家典籍都成了学校的必修课，在参加国家公务员公开考试——科举时，《老子》更是考试项目之一。

正因为历代皇帝的大力提倡与推崇，道教在唐代得到了较大的发展。当时社会上研究老庄思想蔚然成风，不管是王公大臣还是儒生道士都前赴后继地投身到这一宏伟大业中去，涌现出许多道教专家学者，如：孙思邈、成玄英、李荣、王玄览、司马承祯、吴筠、李荃、张万福、施肩吾、杜光庭等等。道教书籍也日益增多，出现了中国历史上的第一部道藏——《开元道藏》。不过，即使是一教之内也是分诸多派别的，唐朝时期较大的道派是茅山宗，其次是楼观派，另外还有张天师一系的复起。

如果说抬高身份血统是为了巩固统治地位的政治需要，那么追求长生不老就是皇帝们推崇道教的个人需要了。“飞炼仙丹，服乃长生。广列神府，利益无疆。”看看当时道士赵归真对唐武宗的进言，服用仙丹好啊，不但能长生不老，还能位列仙班，从此以后荣华富贵享不尽！是不是很有点诱惑力呢？您可能觉得这话很小儿科，不足为信，可是做人做到皇帝那份儿上，吃嘛嘛有、用啥不愁，连人命都可以不费吹灰之力地操控在手上，恐怕也就只剩追求长生这点理想了，这样才能永远“吃嘛嘛有、用啥不愁、不费吹灰之力地操控人命”嘛。唐高宗就曾经“广征诸方道士，合炼黄白”（《旧唐书·方伎传·叶法善》），宪宗、穆宗、敬宗、武宗、宣宗也都有服食丹药的习惯。可是效果如何呢？宪宗因服食丹药变得喜怒无常，弄得整个皇宫人人自危，宦官们终于对皇帝的变态忍无可忍，合谋毒死了宪宗。唐武宗服食丹药后，“遍体生疮，髭发俱脱，十日而崩”（《鉴戒录》）。唐宣宗因服食丹药过多，毒性发作，背上生疽溃烂而亡。恶心吧？同志们，这可是血淋淋的事实啊!

除了飞炼仙丹，道教还有一种法术，称为符箓，是书写于黄色纸帛上的似字非字、似画非画的图形、符号，据说可以降妖镇魔、治病除灾，为民间道教所信仰。

（二）佛教

“南朝四百八十寺，多少楼台烟雨中。”众所周知，佛教曾在南北朝时期得到统治者的信奉和扶植。有唐一代，佛教经历了数百年的发展，已经适应了中国本土文化，发展成为具有中国特色的佛教，也得到了统治者的重视，首先重视的就是女皇武则天。

武则天与佛结缘由来已久，据说她在生中宗时有神光满室，中宗也因此被赐名“佛光王”。为了改唐为周，她举佛抑道，掀起了唐朝的第一个崇佛高潮。即位之初，她便宣布：“释教开革命之阶，升于道教之上。”并打破唐太宗由玄奘一统译场的局面，接待各方译僧；同时，在建寺、造像、弘法方面都有很大的贡献。肃宗、代宗时，兴起了第二个崇佛高潮，密宗煊赫一时。懿宗认为佛有益于国，兴起第三次崇佛高潮，并举行了声势浩大的迎佛骨活动。

因为统治者的佞佛，佛教宗派如雨后春笋般出现，如：天台宗、华严宗、法相宗、禅宗、三论宗、慈恩宗、律宗……后来禅宗因其教义简便易行的特点终于压倒其他宗派，独步佛坛。同时，寺院经济发展势头强劲，官僚富豪们纷纷舍宅立寺，以为功德。据不完全统计，长安的三条街上，就建有大小寺院三十五所！那么全国范围内的寺院分布情况就可想而知了。巨型佛像的建造也在这时盛行开来，武则天曾命薛怀义造夹纻大像，仅是佛像的小指中就可以容纳数十人并坐；还有开凿于开元元年的乐山大佛，迄今仍是全国最高大的石佛。在译经方面，成绩也很可观。由国家出面组织译场，像玄奘、义净、不空等精通汉语、梵文、佛法的译师担任翻译班子的中坚力量，主持翻译工作，在各方给力因素的促成下，译经的质量和数

量都很突出。

《引路菩萨图》 唐·佚名

“俗讲”在当时盛行一时。“俗讲”也就是通俗讲经，就是把佛经故事改编成通俗浅显的变文，用说唱形式宣传经义。进行主讲的专业人士被称为“俗讲僧”。先用说白叙述事实，再用歌唱加以渲染，故事动人、歌声悦耳，成为寺庙中极受欢迎的节目。这么看来，也算是一种说唱艺术吧。后来，“俗讲”在内容和形式上都突破了宗教局限，题材越发广阔，音乐也越加有特色，干脆发展成了民间说唱，像是《列国传》、《明妃曲》、《韩朋赋》都能拿来说道说道。寺院也兼做了演出戏场，“长安戏场多集于慈恩，小者在青龙，其次在荐福、永寿”（《南部新书》）。寺院的娱乐场所功能还不仅限于此，很多节庆活动也都集中在佛寺举行，例如三月十五的燃灯活动、盂兰盆节的庆祝活动等等。

（三）景教

很多“童鞋”们知道这个教派大概是源于《大秦景教流行中国碑》吧，这还真是一个有力例证，证明景教是在唐朝传入中国，而且是最早进入中国的基督教派。

景教即基督教聂斯托利派，也就是东方亚述教会，起源于今叙利亚。“景”指光明之意，在唐朝初期还是博得了皇帝的好感的，看起来也确实是前途一片光明。据碑文记载，贞观九年，波斯僧阿罗本带着经书来到长安，名相房玄龄亲自迎接，并获得了唐太宗李世民的接见。贞观十二年，李世民批准在长安兴建寺庙一所，一开始叫波斯寺，后来更名为罗马寺、大秦寺。从太宗至德宗时期，景教发展极快，虽然中间因为则天女皇信奉僧尼，景教一度受到压迫，但终因景教教士共同集资于洛阳建“大周颂德天枢”以及景僧阿罗撼将景教教义佛化而取悦了女皇，得以继续发展。

正是因为借助了佛教、道教、儒家思想等各种文化因素，尽可能地适应唐朝本土文化，景教才得以迅速传播。例如，景教着力颂扬忠君爱国、提倡孝道，既标榜了儒家的忠孝思想，又充分利用了道教的思想要素。直到武宗会昌灭佛，景教也受到牵连，成为邪法而遭禁毁，享年150岁。

（四）摩尼教

可还记得金庸老先生的武侠名作《倚天屠龙记》里面提到一个源自波斯的古老教派——明教？不错，明教就是唐朝时期传入中国的摩尼教。据说摩尼教正式由官方传入中国的时间是公元694年，“波斯国人拂多诞，持二宗经伪教入朝”（《佛祖统纪》）。到武则天时，其教义得到最高统治者的认可，得以在国内合法传播。唐玄宗时，摩尼教法被称为“妄称佛教”的邪教而被勒令禁止在民间传播，发展势头一度受阻。不过，安史之乱后，摩尼教借助回纥的力量卷土重来，得以在中土大发展。那是因为回纥帮助唐朝平叛，恃功而骄，将摩尼法师带入唐朝，“元和初，再朝献，始以摩尼至”（《新唐书·回鹘传》）。朝廷只得正式接受摩尼教，并在长安为之建立了大云光明寺。之后，荆、扬、洪、越等州先后置大云光明寺，河南府、太原府置摩尼寺三所，遍布大江南北，摩尼教盛极一时。

作为一种世界性的宗教，摩尼教有其自身的开放性。它之所以能在中国盛行，也是先天与后天共同作用的结果。摩

尼教在产生时就受到佛教影响，并接受了部分佛教内容，在东传过程中更是努力使教义和仪式佛教化，所以才有了唐玄宗“妄称佛教”一说。同时，凭借其超强的生存适应能力，使教义在中国传播时尽量符合汉人的思维习惯，更大大便利了摩尼教在民间的传播。回纥衰亡后，摩尼教的传播也受到严重影响。到“会昌法难”时，摩尼教也作为外来宗教被禁断，一时作鸟兽散。这里还是不得不提到摩尼教超强的生存适应能力，像是打不死的小强一般，并未被连根拔起，等再次出现的时候，摩尼教就换了一个中国化的名字——明教。

（五）祆教

起源于古代波斯的琐罗亚斯德教，在中国被称为祆教、火祆教或拜火教，它是基督教诞生之前在中东最有影响的宗教，是古代波斯帝国的国教，也是摩尼教之源。祆教与景教、摩尼教并称为“三夷教”，但与前两种宗教不同的是，祆教早在唐朝以前就传入中国，而且排他性较强。人家玩的就是自娱自乐，不传教也不译经，主要是外国侨民尊奉的一种宗教信仰。

唐朝在东、西两京都建立了祆祠，以供“商胡祈福，烹猪羊，琵琶鼓笛，酣歌醉舞”，可见祈福时也含有娱乐成分，据说还会伴有刺肚割舌、铁钉贯额等幻术表演。另外，唐朝祠部还设有管理祆教的祀官萨宝，主持祭祀。萨宝为正五品，所属有祆正、祆祝、率府、府史等官。当然喽，唐武宗也不会心慈手软放过这个外来宗教，祆教同样在被禁之列，但是并未就此绝迹，之后民间仍有祆教活动的迹象。

这么多的宗教信仰济济一堂，统治者的原则非常明确，那就是“顺我者昌逆我者亡”。只要是有利于统治、能促进社会安定和谐的，就听之任之，甚至大力提倡；可一旦看不顺眼，成了利益

面前的绊脚石，当然毫不犹豫地一脚踢开。谁让人家是老大呢！不过在这么多的选择面前，是不是总有适合您的那一款呢？

不能对着日月大小便——那些不得不知的禁忌

《礼记·曲礼》上说："入境而问禁，入国而问俗，入门而问讳。"这可是咱们中华民族的老祖宗流传下来的至理名言，并被载入典籍史册警示后人。诚然，各个国家和地区都有自己的一些禁忌和避讳，就像西方人忌讳数字13，有的地方随便摸人脑袋是为大不敬，有些国家的妇女出门都要戴面纱等等等等。如果不打听清楚就贸贸然闯了去，一个不小心就得掉坑里。来到唐朝也是这样，那些不得不知的禁忌必须牢记在心，否则被人

《五星二十八宿神形图》　唐·梁令瓒

当成异类事小，因此而闹出人命也不是不可能的！各位“童鞋”，赶紧拿起笔和纸，准备做笔记喽！

想当初日本僧人圆仁入唐求法，一只脚刚踏上大唐土地，还没来得及对眼前的壮丽山河、富饶景观进行一番抒情和感慨呢，西明寺的宗睿法师就劈头盖脸地对他进行了一番教育。授课内容不是别的，正是唐朝的“国讳”：“大唐国今帝讳‘昂’，先祖讳‘纯’（淳）、‘讼’（诵）、‘括’、‘誉’（豫、预）、‘隆基’、‘恒’、‘湛’、‘渊’、‘虎’（武）、‘世民’。音同者尽讳。此国讳诸字，于诸书状中总不著也。”细心的您可能一眼就看明白了，所谓“国讳”，就是唐朝历代皇帝的名字。不错，除了这些字，还有这些字的同音字都属于避讳的范畴，在书状中一律不能出现。宗睿法师此举可不是对国际友人的不敬，恰恰相反，及时提醒相关注意事项正说明对圆仁的重视与友好。当圆仁到达扬州时，也有人向他通告当地最高长官淮南节度使的“家讳”。圆仁还真是个好学生，在自己的日记中详细做了笔记：“相公讳四字：‘府’、‘吉’、‘甫’、‘云’四字也。翁讳‘云’，父讳‘吉甫’。”当时的淮南节度使是李德裕，其父李吉甫、祖父李栖筠，所以要避讳这四个字。此后每到一地，圆仁都要先了解当地长官的家讳，记之于册。这个例子可以清晰地表明，避“讳”在唐朝是非常重要的风俗。

你可能觉得不可思议，这些字又不是他家的，凭什么不让别人用啊？我就用了，他能把我怎么着！这个嘛……他还真就能把你怎么着！唐律规定：“诸上书奏事，误犯宗庙讳者，杖八十。口误及文书犯者，笞五十。即为名字误犯者，徒三年。”这里说的“宗庙讳”就是国讳。您还别不服气，人家就是这么霸道，不听可以，吃亏的可是您自己。

您可能又有疑问了，有些皇帝的名字是常用字啊，在生活中出现的频率很高，很有可能“撞字”吖。那么解决办法只有一个——改！不光是人们的名字与国讳相犯的要改，即使是山川河流、州县地名相犯的也得改！唐时就曾经因为避唐德宗的讳，而将括州改为处州。而因为唐太宗讳“民”，就生生把民部改为人部，后来又改为户部。

唐人不但重视国讳，也重视家讳。唐律中同样有规定：“诸府号、官犯称父祖名，而冒荣居之……免所居官。”也就是说，如果所授官职与父祖名讳字同或音同的，都要主动辞让、调换官职，贪图官职而隐匿不报的，一经查出就要被罢官。如贾曾就因为父亲讳“忠”而不肯拜中书舍人；柳宗元也因为祖父名“察躬”，而在升职为监察御史时主动上表请辞；更悲催的是著名诗人李贺，因为父亲名晋肃，一辈子都不能参加进士考试，年纪轻轻就郁郁而终了。

同样的，在上司与下属之间，如果下属的姓名犯了上司的家讳，下属往往也要改名字。避讳还反映在科举考试中，如果举子的家讳与考官的姓名相犯，也是不可以的。裴德融父讳“皋”，他参加科举考试时，礼部侍郎高锴是主考官。德融入试，高锴对他说：“你的父亲讳皋，而在我的名下就试，如及第，困一生事。”因为“皋”与“高”同音，是犯讳的。

裴德融不听，及第后成了屯田员外郎。当时卢简求任右丞相，裴德融和另一个官员一起去拜见。卢简求先接见了同行之人，过了许久也不肯传见裴德融。同行之人提醒道，自已是和新任屯田员外郎裴员外一起来的，裴员外已经在门外等候多时了。卢简求马上让属下传出话去："员外是何人下及第？偶有事，不得奉见。"裴德融一听，大惊失色，仓皇而逃。可见当时因为犯讳而应试、得官是非常要不得的。就算勉强为之，也会一辈子被束缚、被耻笑、被排斥。

除了名字上的忌讳，在日常饮食起居、生活小节等方面也有一些不得不知的忌讳，亲们可要记好了。

饮食方面，不能吃自己或是父母所属生肖的动物肉，否则就会"魂魄飞扬"、"人命不长"。孕妇不能吃兔肉，否则会导致胎儿"唇缺"；不能吃骡子肉，否则会难产。不能吃饱饭就躺下，否则会"生百病，不消成积聚"。如果"未食碗中先插匙箸"视为不祥……

穿衣方面，湿衣及汗衣皆不可久着，会"令人发疮及风瘙"。江南地区这个时候以裹绿头巾为耻，不知道跟现在的"绿帽子"有没有关系呢？

起居方面，睡觉前不能唱歌，否则也是不祥的。睡下之后必须熄灯，因为灯烛的光能令"魂魄及六神不安"。不管是夜里做了好梦还是噩梦，"勿说为吉"。清晨起床"常言善事，勿恶言"。

其他方面，不能怒视日月，更不能对着日月大小便。路过神庙时，不可轻易进入，也不可回头顾视；如果要进去的话就必须恭敬。

不管以上诸多禁忌是以什么为依据，又有什么更深层次的讲究，亲们只管照做就是啦，入乡随俗嘛！切记、切记！这些禁忌也可能只是当时禁忌的冰山一角，至于还有哪些不得做、做不得、得不做的注意事项，就要靠您亲自去发现和挖掘喽！祝您好运！！

黄狗身上白，白狗身上肿——你也可以做诗人

众所周知，唐朝是中国历史上诗歌发展的鼎盛时代，喜诗、作诗已经不是文人士大夫的专利，而是一股全民风潮，不管身处社会的哪个阶层，均是人人推崇诗、人人可为诗。没错！这里是诗歌的国度，这里是诗歌的海洋，这里是……sorry，有点忘形了。不管怎么说吧，虽然初来乍到，可只要您稍微适应一下新环境，很快就可以摇身一变成为诗人。不信？咱们往下走着看呗！

唐人对于诗歌的喜好到底到了一个什么程度呢？前文提到过有人将白居易的诗文了一身，直到再无处下针为止；其实不止是白居易的诗，还有人在身上刺了张说、罗隐等人的诗作，这些都应该算是超级粉丝了。诗除了可以"穿"在身上，还可以当钱花。唐朝村落路旁有卖鱼的，要是一般人买鱼，需要胡绢半尺；可要是士大夫买，只需要吟诵一首白居易的诗就OK了。（《云仙散录》）这便宜占得，原来学好唐诗还可以填饱肚子。再有，"诗"与"歌"强强联手，很多文人的诗作纷纷入乐，成为脍炙人口的歌词，并在民间广泛传唱，一曲《阳关三叠》就是最好的例证。据说当时自长安至江西三四千里之间，士庶、僧徒、孀妇、闺中待嫁女子等各类人中，都有能吟唱白居易诗的人。而李益每完成一篇诗作，"乐工争以赂求取，唱为供奉歌词……"（《旧唐书·李益传》）如果用"疯狂"来形容唐人对于诗

《南生鲁四乐图》　明·陈洪绶
取自唐代诗人白居易《四乐图》诗意

歌的热爱，一点也不为过。

正是因为有了这样的社会大环境，各色人等都坐不住了，大家不甘于只是等着去欣赏、吟诵文人们的诗作，干脆自己作起诗来！不管文化水平高低，都先炫一把再说，也因此出现了许多歪诗、恶诗，有的真真可以让人笑掉大牙。

据《全唐诗话·权龙褒》记载，权龙褒自认为很会作诗，其实他连声律都不懂。唐中宗与学士们赋诗的时候，权龙褒会不请自去，被中宗戏称为“权学士”。后来，权龙褒因为亲族中有人犯罪而受到牵连，被流放岭南。之后又被召回，封为将军。权龙褒非常高兴，向中宗献诗一首，云：“龙褒有何罪？天恩放岭南。敕知无罪过，追来与将军。”中宗被这首不伦不类的诗逗得大笑不止，只好对左右说，原来这就是权学士的诗啊！他还作过《秋日述怀》一诗，云：“檐前飞七百，雪白后园疆。饱食房里侧，家粪集野螂。”众人不解其意，他解释道：“鹞子檐前飞，值七百文钱；洗过的衣衫晾挂在后园，干白如雪；吃饱了就在房中侧卧；家里的粪便必然会招来野地里的屎壳郎。”@#¥%&@#……这位权“大学士”的诗还真是让人无语吖！所以有人讽刺权龙褒说：“龙褒才子，秦州人士。明月昼耀，严霜夏起。如此诗章，趁韵而已。”

据说史思明也好这口，尤其是起兵称帝之后，更添了吟诗作对、附庸风雅的嗜好。他曾作《题石榴诗》：“三月四月红花里，五月六月瓶子里。作刀割破黄胞衣，六七千个赤男女。”（《中国风俗通史》）更要命的是人家老先生对自己的大作非常之满意，大肆向天下人炫耀。哎！没文化不可怕，没文化还要装有文化真可怕！

唐朝时期出现了最早的打油诗。中唐时有个叫张打油的人，爱好作诗，曾赋《咏雪》一首：“江上一笼统，井上黑窟窿。黄狗身上白，白狗身上肿。”您先别忙着笑，且看此诗是在描写雪景，通篇不着一“雪”字；而且由远及近、由全景而及特写，对于描写次序的铺排也很有层次感；遣词造句虽然俚俗拙朴，却生动传神；更重要的是，格调诙谐幽默，轻松悦人，可见人家也是下过一番工夫的！

不过，张打油真正打出名气、创出自己文化品牌的还要归功于另一个故事。某年冬天，某官员去宗祠祭奠，一进门赫然发现雪白的照壁上写了一首诗：“六出九天雪飘飘，恰似玉女下琼瑶。有朝一日天晴了，使扫帚的使扫帚，使锹的使锹。”官员大怒，立刻吩咐左右揪出写诗之人，重重治罪。有人上禀道：“大人不用查了，作这类诗的不会是别人，一定是张打油。”官员立刻下令把张打油抓来问话。张打油却不肯承认，认为自己就算本事再不济，也不会写出这种诗来，并愿意当场接受官员的测试。正好当时安禄山兵困南阳，官员就以此为题，让张打油作诗。张打油张口便来：“百万贼兵困南阳，”官员一听，忍不住赞道：“好气魄，起句便不平常！”张打油微微一笑，再吟，“也无援救也无粮。”官员说：“差强人意，再念。”张打油马上将后面的一气呵成：“有朝一日城破了，哭爹的哭爹，哭娘的哭娘。”这风格简直和照壁上的诗如出一辙，大家忍不住哄堂大笑，官员也乐了，终于还是饶过了张打油。自此以后，张打油成了明星，“打油诗”的称谓也不胫而走，流传至今。

元稹像

民间重诗、爱诗的风潮也影响到文人，甚至促成了一种新诗派的出现，那就是白话诗派，王梵志和寒山都是其中代表。王梵志曾写道：“他人骑大马，我独跨驴子。回顾担柴汉，心下较些子。”又如：“梵志翻着袜，人皆道是错。乍可刺你眼，不可隐我脚。”寒山也有诗曰：“东家一老婆，富来三五年。昔日贫于我，今笑我无钱。渠笑我在后，我笑渠在前。相笑傥不止，东边复西边。”这些诗作通俗易懂，看似信手拈来，实则情景交融，机趣横溢。用的是白话俗语，描摹的也是一幅幅民俗世风图，直写胸臆，酣畅淋漓。

白居易、元稹等诗作大家也开始走通俗路线，据说白居易每作成一首诗，都要先念给一位老婆婆听。如果老婆婆听不懂，白居易就要重新修改，直改到老婆婆能听懂为止。可见他对于诗歌的平易浅显和通俗性很是看重。

大雅与大俗，在唐代借着诗歌这一媒介交汇融合，相互影响、相互作用，为中国历史上诗歌的黄金时代奠定了深厚的基础，也在中华文化的灿烂星河中留下了浓墨重彩的一笔。到此为止，您应该知道开头并不是忽悠人的了吧，在唐代，您也可以成为诗人。

唐

【音乐】

到处都是音乐发烧友

最佳神曲《霓裳羽衣曲》——唐朝音乐风格概览

唐朝是一个外来文化丰富多彩、兼容并蓄的朝代，体现在音乐上，就是“胡”风盛行。从宫廷到民间，大家都对这股民族风来者不拒，这不仅是因为大唐帝国气度宽容的大国风范，也是因为唐朝的统治者们本身就有胡夷血统，是如假包换的胡汉“混血儿”，天性中就有对于胡乐的亲近与喜欢。同时，胡乐的大气磅礴，自有一种振奋人心的力量，与唐朝气度恢宏的时代气质非常吻合，因此由上及下，得到社会各个阶层的喜爱与追捧，连诗人王建也不得不对胡乐盛行发出“城头山鸡鸣角角，洛阳家家学胡乐”的感慨。

所谓“胡乐”，就是西北方和北方民族以及西域各地音乐的总称。《资治通鉴·唐肃宗至德元载》中称：“上皇每酺宴，先设太常雅乐坐部、立部，继以鼓吹、胡乐、教

唐女七乐俑生动再现了唐朝兴盛时期歌舞升平的景象

坊、府县散乐，杂戏。”胡三省注：“胡乐者，龟兹、疏勒、高昌、天竺诸部乐也。”唐朝的宫廷音乐分为雅乐和燕乐两种，雅乐主要用于祭祀、朝会等与国家典制有关的隆重场合，燕乐主要用于宫廷宴饮等娱乐场合。在这一时期，胡乐已经渗透进了宫廷音乐的方方面面。

这里要特别指出的是，雅乐可不是一般的音乐，(《荀子集解·乐论篇》)说：“乐者，圣人之所乐也。而可以导民心，其感人深，其移风易俗。”也就是说，雅乐负有礼乐教化的使命，强调的是道德教化、移风易俗等方面的社会作用，是辅助政治统治的重要工具。说白一点就是用来威慑民心的武器，只不过是一种无形的武器罢了。统治者们为了突出自己“华夏正统”的地位，自然也要将这件武器磨亮、磨快、磨光，尽量恢复传统的“华夏正声”。但是随着南北朝时期民族音乐的大融合，雅乐也已经不可能保持那么纯粹的“雅”了，唐朝在定雅乐时就对前代的宫廷音乐进行了重新整合，甚至做出了一些折中和妥协。“陈梁旧乐，杂用吴楚之音；周齐旧乐，多涉胡戎之伎，于是斟酌南北，考以古音，作

莫高窟112窟的《伎乐图之反弹琵琶图》

为大唐之乐。”（《旧唐书·礼乐志》）由此可见，唐代的雅乐从一开始就是以胡汉兼而有之为基调的。但是，统治者们实在是太刻意追求雅乐的复古了，使之无法与时俱进，逐渐成为庙堂上僵死的文物，根本达不到统治者最初期待的社会作用。音乐才子唐玄宗干脆摈弃雅乐，力倡胡乐、法曲。《新唐书·礼乐十二》：“开元二十四年，升胡部于堂上。而天宝乐曲，皆以边地名，若《扬州》、《伊州》、《甘州》之类。后又诏道调法曲与胡部新声合作。”唐宪宗时，太常选取乐人的标准是，最优秀的进入坐部伎，“无性识者退入立部伎”，“绝无性识者入雅乐部”，水平最差的都被编入雅乐部了，雅乐的境遇之凄凉可见一斑。

与雅乐相反，燕乐在唐代得到了长足的发展。在继承隋朝九部乐的基础上，唐宫燕乐大量吸收了外来的和民间的音乐文化内容，从而形成了煌煌大唐十部乐。在这十部乐中，绝大部分都是以音乐来源地的国名来命名的，像天竺、高丽、龟兹、安国、疏勒、康国、高昌、西凉，表明这些音乐仍然保留着强烈的地域色彩，而这些音乐都是胡乐，可见胡乐在燕乐中占了相当大的比重，甚至有些喧宾夺主之势。唐玄宗时，燕乐打破了以国别分类的方式，出现了立部伎和坐部伎。“其后又分为立坐二部，堂下立奏谓之立部伎，堂上坐奏谓之坐部伎。”（《新唐书》）立部伎为安乐、太平乐、破阵乐、庆善乐、大定乐、上元乐、圣寿乐、光圣乐八部；坐部伎为燕乐、长寿乐、天授乐、鸟歌万岁乐、龙池乐、小破阵乐六部。同样的，在以上诸部乐中，绝大多数均杂以龟兹乐声。这种全新的以演奏方式分类方法的出现，恰恰说明外来音乐与中原音乐的融合进入了一个新阶段，“胡风”和“汉风”已经混得天衣无缝，很难再划清界限了。另外，唐朝在天宝十三年曾对太乐署供奉的乐曲名称进行过大规模的改易，在更名的五十九首乐曲中，绝大多数是将胡名音译的乐曲名改为汉名。例如：《苏莫剌耶》改为《玉京春》，《悉耶都》改为《琼花台》，《讫陵家胡歌》改为《来宾引》，《因地利支胡歌》改为《玉关引》，《苏剌耶》改为《未央年》等等。这一改名之实也可以说明胡乐已然与中原音乐融为一体、不可分割了。

前段时间网络上流行一首神曲——《忐忑》，一时间引来模仿者一片，连天王天后都不甘人后。唐朝也有一首神曲，只不过此神曲是“此曲只应天上有”的神仙曲，叫做《霓裳羽衣曲》。对于这首神曲的由来真可谓众说纷纭，有的版本还加入了神话演绎的味道。一般说来，《霓裳羽衣曲》是来源于天竺的《婆罗门曲》，也属于胡乐的范畴，经过音乐才子唐玄宗的妙手润色，终成为享誉千古的神仙曲。

同时，《霓裳羽衣曲》又是唐朝法曲中的精品。法曲又名法乐，是歌舞大曲中的一部分，也是隋唐宫廷燕乐中的一种重要形式。始见于东晋《法显传》，因用于佛教法会而得名，至隋时称为法曲。元稹《法曲》诗中云："女为胡妇学胡妆，伎进胡音务胡乐。"白居易《法曲诗》云："法曲法曲合夷歌，夷声邪乱华声和。"可见法曲中也掺杂了很多胡乐成分，据邱琼荪先生考证，唐代法曲中有汉魏六朝的旧乐，有隋唐两代的新声，有胡部化、道曲佛曲化的中国乐曲，有化外的外来乐曲。（《燕乐探微》）而唐朝最大的一个法曲发烧友就是唐玄宗，在他身体力行的倡导下，王公大臣们也十分喜爱胡乐，喜好胡乐成为上层社会的一种时尚，最终这股"胡"风也吹到了社会的各个角落。

"童鞋"们穿到唐朝真是有耳福，可以有机会亲耳听到已经失传的《霓裳羽衣曲》啦！只是不知道《霓裳羽衣曲》和《忐忑》哪个更神呢？赶紧练好《忐忑》去PK一下吧！

从许和子到康昆仑——唐朝音乐明星概览

唐代是个能人辈出的时代，在音乐方面也不例外。唐朝的乐坛可谓空前繁盛，明星大腕济济一堂，有些出身音乐世家，世代以音乐技能供奉朝廷；有些是番外胡人，以音乐才能著称于世。这些乐坛明星们在当时可不是靠包装和宣传捧出来的，而是纯粹靠自己精湛的技艺打拼出一片天地的！

先来看看当时著名的歌唱家都有哪些。

许和子原是一名民间歌手，出身于乐工世家，开元末年被选入宫廷，入教坊宜春院为内人，改艺名"永新"。她不仅人美，音色更美，对于歌曲要表达的内涵和意境也演绎得十分到位，并且富有创新精神，是当时有名的“金嗓子歌后”。当时人认为“韩娥、李延年殁后千余载旷无其人，至永新始继”。这个评价可不是一般二般的人能承受得起的，许和子一介弱质女流，她的歌声当真如此美妙吗？咱们看看史料上的记载就可以明白一二了。段安节在《乐府杂录·歌》中有这样的记载：“内人有许和子者……既美且慧，善歌，能变新声。遇高秋明月，台殿清虚，喉转一声，响传九陌。明皇（唐玄宗李隆基）尝独召李漠吹曲逐其歌，曲终管裂，其妙如此。”王仁裕在《开元天宝遗事》中也有记载：“宫妓永新者，善歌，最受明皇宠爱。每对御奏歌，则丝竹之声莫能遏。帝尝谓左右曰：‘此女歌值千金。’”连乐队都压不住她的声音，更别提笛子了，演出气场果然强大得很！

这还不算，许和子的歌声饱含情感，以丰富的艺术感染力著称。据说有一次唐玄宗在勤政楼举行庆典宴会，楼下人头攒动，“观者数千万众”。这样的演出环境自然是人声鼎沸，喧哗嘈杂得不得了，楼上的皇帝和一众VIP们根本听不到“鱼龙百戏之音”。唐玄宗很不爽，就想罢宴离去，高力士建议“命永新出楼歌一曲，必可止喧”。许和子一出声，果然hold住全场，“至是广场寂寂若无一人，喜者闻之气勇，悲者闻之肠绝”（《乐府杂录·歌》）。所有人都沉浸在许和子的天籁中。一曲终了，可想而知，自然是欢声雷动、龙颜大悦。自此，“永新善歌”之名更加著称于朝野，传遍天下。金嗓子歌后不是白当滴，歌坛大姐大也不是盖滴！

米嘉荣是西域米国人，歌唱技艺倾倒京城，世人称赞他的歌声“冲断行云直入天”。歌声之妙，当时无人能出其右，因而得到皇帝的赏识，被提拔为朝廷供奉，也就是首席乐官。米嘉荣与诗人刘禹锡交情深厚，经常一起谈论艺术，可谓志同道合。后刘禹

动感强烈的女击鼓手

多才多艺的女拍板手

如痴如醉的女笛手

锡因受牵连遭贬谪，被放逐二十多年后才重返京城，宫中很多艺坛新秀都不认识了，唯有常青树米嘉荣仍然健在。刘禹锡有诗《与歌者米嘉荣》一首：“唱得凉州意外声，旧人唯数米嘉荣。近来时世轻先辈，好染髭须事后生。”米嘉荣曾在唐宪宗、唐穆宗、唐敬宗三代任供奉，史书上称他为“三朝供奉”。以一个少数民族歌唱家的身份，能在唐朝宫廷中连任三朝乐官，其歌唱艺术方面的造诣自然不可小觑，是中国音乐史上名副其实的“歌坛常青树”。

音乐文化的高度发达自然也会造就一批器乐演奏人才，其中以琵琶演奏家最多。

康昆仑是西域康国人，被称为贞元中琵琶第一手。贞元中，长安大旱，德宗诏移两市祈雨。“市人广较胜负，及斗音声。”街东举康昆仑，弹一曲《绿腰》，料定街西无人可敌。没想到街西也如法炮制，一女郎亦弹《绿腰》，“及下拨，声如雷，其妙入神，昆仑即惊骇，乃拜请为师”（《乐府杂录·琵琶》）。后来才知道，这位女子是街西特意从庄严寺请来的和尚段善本，乔装后与康昆仑较技。除了善弹琵琶，康昆仑还会作曲。“乐有琵琶、五弦、筝、箜篌、觱篥、笛、方响、拍板，合曲时亦击小鼓、钹子。合曲后立唱歌。凉府所进，本在正宫调，大遍、小遍，至贞元初，康昆仑翻入琵琶玉宸宫调——初进曲在玉宸殿，故有此名——合诸乐，即黄钟宫调也。”（《乐府杂录·胡部》）这段记载就是说明康昆仑将凉州曲改编为琵琶演奏曲。由于康昆仑当时的知名度和影响力，他使用过的乐器也成了人们竞相争抢、收藏的宝贝。《唐国史补》载：“韦应物为苏州刺史，有属官因建中乱，得国王康昆仑琵琶，至是送官表奏入内。”看来当时粉丝对待明星的狂热程度一点都不亚于今天的追星族！

曹善才是西域曹国人，世居长安，也是唐代著名的琵琶演奏家。善才并不是他的原名，应该是当时乐人的职名。还有一说是因为他善奏乐曲，声名甚高，世人才以“善才”称之。据说曹善才演奏技艺极高，李绅曾作《悲善才》一诗，称他的演奏“花翻凤啸天上来，裴回满殿飞春雪”、“金铃玉佩相磋切”、“仙鹤雌雄唳明月”，比喻为“九霄天乐下云端”。其父曹保、其子曹刚都是当时有名的琵琶演奏家。白居易曾在《听曹刚琵琶兼示重莲》中说：“拨拨弦弦意不同，胡啼番语两玲珑。谁能截得曹刚手，插向重莲衣袖中？”薛逢更是将曹刚的琵琶演奏赞为只应天上有的殊音。

筚篥也是唐代流行的乐器，亦作“觱篥”，是管乐器的一种。《乐府杂录》中说：“筚篥者，本龟兹国乐也。亦名悲篥，有类于茄。”《通典》中说：“筚篥，本名悲篥，出于胡中，其声悲。”唐朝

沉稳的男箜篌手

儒雅的吹芦笙男子

专注的男腰鼓手

著名的筚篥演奏家有安万善、薛阳陶、尉迟青等。

安万善是来自西域安国的少数民族乐师，在京城颇有影响。一个除夕之夜，诗人李颀等人围聚饮酒，安万善在一旁吹筚篥助兴。李颀当场诗兴大发，挥毫写下《听安万善吹觱篥歌》一诗："南山截竹为觱篥，此乐本自龟兹出。流传汉地曲转奇，凉州胡人为我吹。傍邻闻者多叹息，远客思乡皆泪垂。世人解听不解赏，长飙风中自来往。枯桑老柏寒飕飗，九雏鸣凤乱啾啾。龙吟虎啸一时发，万籁百泉相与秋。忽然更作渔阳掺，黄云萧条白日暗。变调如闻杨柳春，上林繁花照眼新。岁夜高堂列明烛，美酒一杯声一曲。"

薛阳陶是中唐时期的音乐神童，善吹筚篥，很受白居易赏识，曾为他作长诗《小童薛阳陶吹觱栗歌》："剪削干芦

插寒竹，九孔漏声五音足。近来吹者谁得名，关璀老死李衮生。衮今又老谁其嗣，薛氏乐童年十二。指点之下师授声，含嚼之间天与气。润州城高霜月明，吟霜思月欲发声。山头江底何悄悄，猿声不喘鱼龙听。翕然声作疑管裂，诎然声尽疑刀截。有时婉软无筋骨，有时顿挫生棱节。急声圆转促不断，轹轹辚辚似珠贯。缓声展引长有条，有条直直如笔描。下声乍坠石沉重，高声忽举云飘萧。明旦公堂陈宴席，主人命乐娱宾客。碎丝细竹徒纷纷，宫调一声雄出群。众音覶缕不落道，有如部伍随将军。嗟尔阳陶方稚齿，下手发声已如此。若教头白吹不休，但恐声名压关李。”

西域人尉迟青也是以善吹筚篥而闻名。据《乐府杂录》记载：“德宗朝有尉迟青官至将军。大历中，幽州有王麻奴者，善此技，河北推为第一手；持其技倨傲自负……”后来这个王麻奴听说了尉迟青的威名，专程前往与之比试，结果败下阵来。麻奴泣涕愧谢，曰：“边鄙之人，偶学此艺，实谓无敌；今日幸闻天乐，方悟前非。”自此以后，两人成为至交。哇塞，是不是可以给尉迟青颁发一个“德艺双馨”奖啦。

亲们如果也是身怀绝技而来，那在唐朝可就有的混了，要知道唐朝的文化演出市场可是相当繁荣滴。如果您的水平够高，还有机会去皇帝身边混口饭吃，既可以得见天颜，说不定还能一夜成名，也弄个“天王”“天后”什么的当当，到时候也是粉丝无数、风光无限啊！

【舞蹈】

动起来，跳起来，看谁最摇摆

刚柔并济，文武双全——健舞与软舞

在唐代，音乐和舞蹈是不可分割的两种艺术表现形式，前文提到的“十部乐”、“立部伎”、“坐部伎”等固然是指音乐演奏方式，但也是指各种不同的舞蹈表演，像《霓裳羽衣曲》就有相对应的《霓裳羽衣舞》。这一时期的舞蹈是分文武的，凡是节奏舒缓、优美柔婉、温馨雅致的称为“软舞”；凡是节奏明快、矫捷雄健、洒脱明朗的称为“健舞”。但是，这与雅乐中的“文舞”、“武舞”又不尽相同，因为文武之分是以舞蹈内容而言，而“软舞”与“健舞”是重在舞蹈风格特征本身。另外，舞蹈也像音乐那样，受到“胡风”的影响甚重，如健舞大多都来源于西域胡国。

（一）健舞

《教坊记》和《乐府杂录》中记载了很多健舞名目，如：《柘枝》、《剑器》、《胡旋》、《胡腾》等等。

《柘枝舞》是由西域石国传入中原的，为女子独舞，伴奏以鼓为主。舞者身着五色罗衫，腰带银蔓垂花，胡帽上坠以金铃，足穿锦靴，舞姿随着鼓声的节奏时而刚健明快，时而婀娜柔美，复杂的舞步使所配金铃发出脆响，金铃叮叮、锦靴沙沙，真是“鼓催残拍腰身软，汗透罗衣雨点花”（刘禹锡《和乐天柘枝》）。因为柘枝舞具有很强的观赏性，受到社会各阶层的普遍欢迎，诗人刘禹锡、白居易、薛能、沈亚之、卢肇等都写过有关柘枝舞的诗作。后来还出现了专门表演此舞的柘枝伎，而且由独舞发展成双人舞，即《双柘枝》。

“西域歌舞名胡旋，传入宫掖靡长安。次奏何必琼林宴，市间到处闻管弦。”《胡旋舞》也是西域传入的舞蹈，《通典》云：“舞急转如风，俗谓之胡旋。”可见这种舞蹈的特点是以急速连续旋转为主，白居易在《胡旋女》一诗中称：“左旋右转不知疲，千匝万周无已时。人间物类无可比，奔车轮缓旋风迟。”据说杨贵妃和安禄山都善舞胡旋，别看安禄山是个笨重肥硕的大胖子，可在唐玄宗面前跳起胡旋舞来，那简直是动如脱兔，“疾如风焉”（《旧唐书·安禄山传》）。按说胡旋舞者多为女子，有独舞，也有三人舞、四人舞。杨贵妃是个中高手不足为奇，可安禄山以男子还是个胖子之躯而善胡旋，真不容易，看来宠臣也不好当吖！另据《乐府杂录》记载：“舞有鹿骨舞、胡旋舞，俱于一小圆毯子上舞，纵横腾踏，两足终不离于毯子上。”这么看来，胡旋舞似乎还包括了杂技元素，能为之者非得是“舞林高手”不可！

《胡腾舞》也是由西域石国传入的，是一种男子独舞，以刚毅奔放见长。如果说胡旋舞的特点是急速旋转，那么胡腾舞的特点就是腾踏跳跃。李端《胡腾儿》云：“醉却东倾又西倒，双靴柔弱满灯前。环形急蹴皆应节，反手叉腰如却月。”其节奏急促，以

《公孙大娘舞剑图》 明·陈洪绶

腿脚功夫见长，翻腾起舞、雄健迅疾，如果再带有几分醉态，则舞姿更佳。除了繁复的舞步，起舞时还伴有扬眉动目等丰富的面部表情，西安东郊出土的唐代苏思墓内的乐舞壁画即是《胡腾》。

《剑器舞》就是剑舞，是从民间武术脱胎而来的一种舞蹈形式。一般是女伎作雄装，执剑而舞，其舞姿健美，气势磅礴。唐代最著名的剑舞舞蹈家是盛唐时期的公孙大娘，能舞《剑器浑脱》、《西河剑器》、《邻里曲》、《裴将军满堂式》等多套剑舞。诗圣杜甫的一首《观公孙大娘弟子舞剑器行》写尽当年公孙剑器之盛，一曲剑器，挥洒出大唐盛世气象万千。诗云“昔有佳人公孙氏，一舞剑器动四方。观者如山色沮丧，天地为之久低昂。霍如羿射九日落，矫如群帝骖龙翔。来如雷霆收震怒，罢如江海凝清光。”以至于半个世纪之后，杜甫回想起来还在为当时的情景激动不已。当然了，被惊着的还不止杜甫一人，唐代书法家张旭善草书，他曾在郏县看过公孙大娘舞《西河剑器》，自此之后茅塞顿开，草书更加长进。还有一位大书法家怀素，据说也是受到公孙大娘剑器中“顿挫”的启发，运用于书法之中，业更精进。如此看来，这几位大家都算得上是公孙大娘的Fans了！

（二）软舞

《绿腰》、《凉州》、《春莺啭》、《屈柘枝》是唐朝时期著名的软舞曲目。

前文提到过康昆仑与段善本较技时所奏的琵琶曲就是

《绿腰》。绿腰又名六幺、录要，是唐代歌舞大曲之一。白居易的《乐世》诗题解说：“《绿腰》，即录要也。贞元中，乐工进曲，德宗令录出要者，因以为名，后语讹为绿腰。”绿腰为女子独舞，节奏先慢后快，舞姿轻盈柔美，以舞袖、舞腰为主。李群玉《绿腰》诗曰：“南国有佳人，轻盈绿腰舞。华筵九秋暮，飞袂拂云雨。翩如兰苕翠，婉如游龙举。越艳罢前溪，吴姬停白纻。慢态不能穷，繁姿曲向终。低回莲破浪，凌乱雪萦风。坠珥时流盼，修裾欲溯空。唯恐捉不住，飞去逐惊鸿。”

《凉州》，又名《梁州》，是一种颇具少数民族风韵的舞蹈。唐代的凉州就是现在的甘肃武威一带，《凉州》正是具有当地地方特色的乐舞，据说是持碗、盅等食具舞蹈。张祜《悖拏儿舞》诗云：“春风南内百花时，道唱梁州急遍吹。揭手便拈金碗舞，上皇惊笑悖拏儿。”

《春莺啭》的出现要归功于唐高宗，据《教坊记》记载：“《春莺啭》，（唐）高宗晓声律，晨坐闻莺声，命乐工白明达写之，遂有此曲。”白明达是著名的龟兹音乐家，因此《春莺啭》中也糅合了龟兹歌舞风格，以女子独舞，进退旋转、多姿曼妙。张祜《春莺啭》有云：“内人已唱《春莺啭》，花下傞傞软舞来。”此舞在唐朝时期还传入了朝鲜和日本。

《屈柘枝》，又名《屈柘》，这可是标准的软舞，与上文提到的健舞代表作《柘枝》有本质的区别哦。《乐苑》曰：“羽调有《柘枝曲》，商调有《屈柘枝》。此舞因曲为名，用二女童，帽施金铃，抃转有声。其来也，于二莲花中藏，花坼而后见，对舞相占，实舞中雅妙者也。”也就是说这种舞是由两个小姑娘表演的，出场时先藏在两朵莲花中，花开之后，两个小丫头相对而舞，

《反弹琵琶图》　敦煌壁画

帽子上装饰的金铃婉转有声，极尽雅妙之能事。不知道这能不能算做儿童舞蹈呢？

手拉手儿来群舞——自娱自乐的民间舞蹈

与宫廷中那些繁复讲究的舞蹈不同，唐朝的民间舞蹈来源于劳动人民的生产生活实践，纯粹是劳动人民自编、

自导、自演、自娱自乐，演员和观众都是他们自己，打破了程式的束缚而随意挥洒、纯真质朴，很接地气。其中最流行的就是踏歌风俗。

《踏歌》又名《跳歌》、《打歌》，是一种历史悠久的群舞。《后汉书·东夷列传》有载："昼夜酒会，群聚歌舞，舞辄数十人相随，踏地为节。"《踏歌》并不是专指一种特定的舞蹈，而是对以脚踏地为节拍、载歌载舞的群众自娱性歌舞的统称。所谓"丰年人乐业，陇上踏歌行"，唐代百姓生活富足、安居乐业，自然有闲暇、有心情唱唱歌、跳跳舞；同时，这种欢快的舞蹈非常契合唐代奔放的民族气质，盛行于民间也就不足为奇了。从刘禹锡创作的《踏歌词》中，我们可以清晰地看到当时民间踏歌的盛况：

春江月出大堤平，堤上女郎联袂行。
唱尽新词欢不见，红窗映树鹧鸪鸣。

新词宛转递相传，振袖倾鬟风露前。
月落乌啼云雨散，游童陌上拾花钿。

春暖花开、月朗风清，一队"美眉"手牵着手唱着新填词的歌曲在大堤上踏歌，直到月落红霞、天色欲晓才罢，可见这种民间狂欢是玩通宵的。崔液也在《踏歌词》中称："金壶催夜尽，罗袖拂寒轻。乐笑畅欢情，未半着天明。"其实踏歌并不只限于女子，舞时不分男女，成群结队围成圆圈，手牵着手边歌边舞，有时还伴以轻盈美妙的舞袖动作，衣袂裙摆也随着舞姿的变化卷扬舒展，赏心悦目。

既然是载歌载舞，那在舞蹈的同时总要唱点什么吧。踏歌的歌唱特点是同一曲调，即兴填词，齐声反复传唱。正所谓"踏曲兴无穷，调同词不同”。有一首《踏歌》歌词是这样的：

君若天上云，侬似云中鸟。
相随相依，映日御风。

君若湖中水，侬似水心花。
相亲相恋，与月弄影。

人间缘何聚散，人间何有悲欢。
但愿与君长相守，莫作昙花一现。

如此典雅的歌词、曼妙的情思，再配以舞者婉转的歌喉、婀娜的身姿，加上一点少女妩媚俏丽、娇羞无邪的小神情……额滴个神啊！简直萌翻了！！这、这、这……好像是情歌来着吧？恭喜您，答对了！踏歌时当然也是小情侣们约会的最佳时机啦，不过，如果像前面《踏歌词》中说的“唱尽新词欢不见”那样，所有该唱的都唱完了，心上人还不出现，就着实有些悲催了。

最脍炙人口的反映踏歌风俗的诗恐怕要数李白的《赠汪伦》和刘禹锡的《竹枝词》了。

赠汪伦

李白乘舟将欲行，忽闻岸上踏歌声。
桃花潭水深千尺，不及汪伦送我情。

竹枝词

杨柳青青江水平，闻郎江上踏歌声。
东边日出西边雨，道是无晴却有晴。

唐代诗人　李白

唐代诗人　刘禹锡

由此可见，踏歌于劳作余暇时可为，于送别亲友时亦可为，是随时随地可以表达心中所感所思的舞蹈形式。

这种自娱性的民间歌舞也传入了宫廷，经过加工再创造成为宫廷舞蹈，出现了缭踏歌、踏金莲、踏歌辞等宫廷乐舞。《旧唐书·睿宗纪》载：“二年春正月上元日夜，上皇御安福门观灯，出内人联袂踏歌，纵百僚观之，一夜方罢。”皇家踏歌，演给皇帝这个超级VIP观众看，那可不能等闲视之，场面自然要极尽铺张、极尽奢华。据说相关部门在安福门外的演出场地设置了二十余丈高的大型灯彩，饰以锦绣金银，点了五万盏灯，看上去像一株巨型花树。参加演出的宫女们有上千人，个个衣着华丽、披金戴银，仅一个人的装束就要花费三百贯钱。这还不算，又从长安、万年两地精选年轻女子千余人，也都精心修饰一番，在灯彩下踏歌三昼夜，真可谓盛况空前。张说《踏歌词》有云：“花萼楼前雨露新，长安城里太平人。龙衔火树千灯艳，鸡踏莲花万岁春。帝宫三五戏春台，行雨流风莫妒来。西域灯轮千影合，东华金阙万重开。”这么大的阵仗，如果当时有吉尼斯世界纪录的话，会不会产生一项人数最多、规模最大的踏歌世界纪录呢？！

除了踏歌，唐朝还有一种极具民族色彩的民间狂欢舞蹈“泼寒胡戏”。“鼓舞乞寒，以水相泼，盛为戏乐”（《旧唐书·康国传》），咦，怎么这么像傣族的泼水节呢？恭喜您，又答对了！只不过泼寒胡是在十一月的寒冬季节进行的。是时，旗帜飘扬，鼓声震天，人们身着胡服，有的裸露着身体，相互奔驰追逐、泼水嬉戏，成群结队跳着浑脱舞，唱着苏幕遮歌，亦是载歌载舞，极尽狂欢。

另外，民间还流行旨在祈求或感谢神灵的娱神舞蹈，像是巫舞、傩舞、赛神等。与娱人的舞蹈相比，这些舞蹈更具神秘性。不过唐代的娱神舞蹈世俗化、娱乐性特点鲜明，在娱神的同时，也有娱人的功能。亲们还在等什么？既然来了唐朝，赶紧加入民间的大狂欢吧！

【娱乐】

爱生活，爱文艺，爱电影，爱游戏

您听的是相声，还是戏剧呢——参军戏

参军戏是我国古代的一种戏曲形式，是在俳优的优戏表演艺术基础上发展起来的，到唐朝时达到鼎盛。关于它的得名有两种说法：一种是五胡十六国时期，后赵一个叫周延的人，是皇帝石勒的参军，官至馆陶令。后来他因为贪污腐败被下了大狱。石勒一向重视为官清廉，为了警示下属，以后每次召集群臣开会的时候都会让两个优人现场表演，一个饰演参军，另一个去戏弄他，借此让其他官员引以为戒。因为贪污犯罪的周延当时担任的官职是参军，所以这种演出就被称为“参军戏”。还有一种说法是，唐明皇很喜爱一个善于演优戏的优人李仙鹤，便授予他参军之职，后来人们就把优人的这种表演称为“参军戏”。就现存的史料和研究来看，第一种说法似乎更为可信。不过，研究起源这种高深的问题还是交给史学家们去伤脑筋好啦，不然的话，看看

身边有没有认识的童鞋穿越到五胡十六国的，打个电话、发个短信或者微信一下吧！

在后来的演出过程中，“参军”一词已然失去了官职的含义，而衍化成为角色名称，并形成固定模式。一般来说，参军戏是由两个角色进行表演，一个叫参军，比较蠢笨迟钝，是被讽刺戏弄的对象；另一个叫苍鹘，比较聪明伶俐，是戏弄参军的。两个角色相互问答，以滑稽调笑为主要特点，观者以此为乐。看到这儿，您可能会恍然大悟：这不就是一个逗哏的、一个捧哏的，说相声呢吗？！如果这么说的话也不能算错，不过这就牵扯到另一个疑难问题——参军戏到底是古代的相声呢，还是戏剧呢？

徐慕云在《中国戏剧史》中说：“相声殆沿此流而来者也。”吴晓铃在《略谈相声的创作问题》中也说：“由古代‘参军戏’发展、衍变出来的相声，是中国讽刺文学的一种，它是具有优良传统、悠久历史的喜剧风格的民族艺术形式。”董每戡在《说“丑”·相声》中还说：“发展完成为戏剧，‘参军戏’的固有成分没有灭没，参军和苍鹘两个角色，变名而存在于戏剧中。‘参军戏’还另行单独存在，及今仍保留其遗迹，那便是杂要类相声。”另外，就参军戏的表演方式来说，也可以分为主从式和对立式两种类型，跟相声的表演方式非常相像。这么看来，不管是在形式上还是内容上，参军戏都可以算做古代的相声了。

且慢！这只是正方的观点，咱们还应该听一听反方的论证。任半塘在《唐戏弄》中指出：“实则‘参军戏’之滑稽，寓于表演故事之中，终是戏剧，并非说话或讲唱。击清代滑稽相声，即使有表演，甚至小小涂面，终是说话而已，且无故事，并非戏剧。”这么说来，参军戏是演员扮演角色表演故事，似乎也可以算做戏剧。

纠结吖纠结！参军戏与相声和戏剧的三角关系还真是剪不断理还乱！！尽管参军戏中有着更多的戏剧成分，但它和相声之间的渊源也是显而易见的……呃，好吧，还是把这

彩陶俑
观其表情、神态，似乎就是一对正在表演参军戏的艺人

个难题交给史学家和艺术家们去探讨吧！

不过有一点是可以确定的，参军戏中的两个角色实际上已经构成了“行当”。“参军”这个角色就相当于戏曲中的净角，“苍鹘”就相当于丑角。从这个意义上说，戏曲有角色行当之分，应该就是从参军戏开始的。哎呀呀，怎么又牵扯出戏曲了呢？继续晕眩中……

别着急，还没完呢！

到了晚唐，参军戏发展为多人演出，角色有男有女，故事情节也比较复杂，不再仅限于滑稽调笑，也不完全是对白问答，而是加入了舞蹈和歌唱表演，对于宋元时期的杂剧的形成有着直接影响。连杂剧都出来了……不得不承认，跟这么多的艺术表现形式有亲密关系，参军戏的小宇宙还真是强大得很！

西安曾出土一对绿釉彩陶俑，两名男子均头戴幞头、身穿圆领长袍，面部表情丰富，眉间眼角似有相互应和之态，应该就是一对正在表演参军戏的艺人。从两人的长相来看，都较为丑陋，貌似当时从事这个行业的艺人都要符合“貌丑”这一特点，以便以丑角之姿逗人发笑。不过，当时最具影响力的参军戏女艺人刘采春应该是个例外，诗人元稹有诗《赠刘采春》，称她“言辞雅措风流足，举止低回秀媚多”、“更有恼人断肠处，选词能唱《望夫歌》”。可见这位刘女士是要模样有模样、要技艺有技艺，色艺双绝也。

当然，参军戏在社会上的受欢迎程度也是大大的，李商隐《骄儿诗》有云：“忽复学参军，按声唤苍鹘。”连孩子们的游戏中都在模仿参军戏表演，可见其流传之广泛。

让大家纠结头疼了这许久，自然要上个参军戏的段子博大家一笑。唐人高彦休所著的《唐阙史》中有一则利用同音字抖包袱引笑料的参军戏，名为《三教论衡》。一次唐懿宗庆祝生日，佛道两派分别讲经完毕后，就该轮到艺人们表演了。优人李可及是当时著名的参军戏表演艺术家，一身儒服岌巾、褒衣博带地上场了，一屁股坐在高位上，自称要三教论衡。身边的人就问了：“既然号称博通三教，那释迦如来是什么人呢？”对曰：“妇人。”问者吃惊地问：“什么？”李可及说：“《金刚经》云：敷座而坐。如果不是妇人，何必要‘夫’坐然后‘儿’坐呢。”唐懿宗听了启齿而笑。又问道：“太上老君是什么人呢？”答曰：“也是妇人。”问者更加迷糊了，李可及说：“《道德经》云：吾有大患，为吾有身。及吾无身，复有何患。倘若不是妇人，何必要为‘有娠’而发愁呢？”懿宗听后大悦。又问道：“文宣王（孔子）是什么人呢？”答曰：“还是妇人。”问者曰：“你是怎么知道的？”李可及说：“《论语》云：沽之哉！沽之哉！吾待价者也。如果不是妇人，‘待嫁’干什么？”听到这里，懿宗已经是乐不可支，厚赏了李可及。怎么样？是不是也能够逗您一乐呢？

来大唐看一出综合文艺表演吧——百戏

唐朝人会享受生活，人们吃饱穿暖了，自然舍得花时间、花心思在“玩”上下工夫，因此唐代的文化演出市场非常繁荣，百戏盛行。所谓百戏，又称为散乐，在汉代叫做角抵戏，包括杂技、幻术、武术、民间歌舞杂乐、杂戏等多种艺术表演形式，可以算是各类技艺的大杂烩。到了唐代，百戏表演更加专业化，其形式的多样更达到了空前的程度。

《新唐书·礼乐志》记载：“玄宗为平王，有散乐一部……及即为，命宁王主藩邸乐，以亢太常，分两朋以角优劣。置内教坊于蓬莱宫侧，局新声、散乐、倡优之伎……”“宣宗每宴群臣，备百戏。”“咸通间，诸王多习音声、倡优、杂戏，天子幸其院，则迎驾奏乐。”可见有唐一代，百戏始终是统治者们非常热衷的表演形式。当然，因为百戏表演的娱乐性超强，百姓们也喜闻乐见，甚至出现了在乡村中进行巡回表演的散乐艺人。表演的节目也是应有尽有，吞刀、吐火、寻橦、走索、跳丸、相扑、舞剑、斗鸡……总之一句话——只有想不到的，没有做不到的。

一、寻橦

俗称戴竿，系一人手持或头顶长竿，另有数人缘竿而上，进行表演。唐时戴竿表演技艺高超，而且表演艺人多为女子。据

《全唐诗话续编·玄宗》记载：“明皇御勤政楼，大张音乐，教坊王大娘善戴竿，于百尺上为木山，状瀛洲方丈，命小儿持绛节，出入其间，舞亦不辍。”可以在百尺高竿上搭台布景、唱歌跳舞已属不易，一力撑起高竿的“人肉垫子”还是个女人，这力气、这功架、这平衡性……真是佩服！佩服！！还有一位幽州女艺人石火胡，“挈养女五人，才八九岁，于百尺竿上张弓弦五条，令五女各局一条之上，衣五色衣，持戟持戈，舞破阵乐曲，俯仰来去，赴节如飞。是时观者目眩心怯。”五个小女孩手持刀戟，在百尺高竿上的弓弦上表演《秦王破阵乐》，别说当时在场的观众目眩心怯了，只是通过这些文字想像一下那个画面就让人怕怕的，心脏不够强的“童鞋”们还是不要看的好！在这里，石火胡发展了戴竿的难度，把顶杆、走索、歌舞等技艺熔于一炉，好看之极、惊险之极、刺激之极！王建《寻橦歌》云：

人间百戏皆可学，寻橦不比诸馀乐。
重梳短髻下金钿，红帽青巾各一边。
身轻足捷胜男子，绕竿四面争先缘。
习多倚附欹竿滑，上下蹁跹皆著袜。
翻身垂颈欲落地，却住把腰初似歇。
大竿百夫擎不起，袅袅半在青云里。
纤腰女儿不动容，戴行直舞一曲终。
回头但觉人眼见，矜难恐畏天无风。
险中更险何曾失，山鼠悬头猿挂膝。
小垂一手当舞盘，斜惨双蛾看落日。
斯须改变曲解新，贵欲欢他平地人。
散时满面生颜色，行步依前无气力。

唐代敦煌莫高窟中的壁画《宋国夫人出行图》中，戴竿是作为前导的。在出行仪仗中夹杂杂技乐舞表演，既可以显示豪奢气派，又可以表示与民同乐，难怪张祜《千秋乐》

诗云："八月平时花萼楼，万方同乐是千秋。倾城人看长竿出，一伎初成赵解愁。"

二、走索

前面提到石火胡把走索表演融入戴竿之中，所谓走索说白了就是绳技。有木有看过韩国电影《王的男人》？那里面相依为命的两大帅哥在街头表演的就是这种杂技了。走索与寻橦一样，也是高难度、高风险的一种杂技项目，在唐代，同样有高水平的表演。

张楚金在《楼下观绳技赋》中生动地描绘了绳技艺人高超而优美的技艺："横亘百尺，高悬数丈，下曲如钩，中平似掌。初绰约而斜进，竟盘姗而直上，或徐或急，乍俯乍仰。"《封氏闻见记校注》中称表演者"自绳端蹑足而上，往来倏忽之间，望之如仙。由中路相遇，侧身而过者；有著屐而行，从容俯仰者；或以画竿接胫，高五六尺；或蹋肩蹈顶至三四重；既而翻身掷倒，至绳还往，曾无蹉跌；皆应严鼓之节，真奇观者。"各位看官，您可瞧明白了？这时候的绳技已经不是在绳上走个来回就算了，还要表演两人相互易位，有的是穿着木屐表演，有的是在绳上踩高跷，还有的在绳上叠罗汉翻筋斗，而且这些表演都是在有伴奏的节奏中完成的，不是奇观是神马？！更有甚者，还有穿着木屐在绳上的倒行和倒挂表演，还有的边走索边跳丸和跳剑……要知道，那个时候的这种表演，身上绝对没有保险绳的。

三、跳丸和跳剑

其实两者差不多是一回事，都属于抛掷类的手技。跳丸也叫弄丸、飞丸，表演者快速地用两手将若干个球状物向空中抛接，球不坠地，在空中形成一串流星似的景观。当时技艺高超者可以同时抛九个球。为了增加表演难度，有时候将球换成剑，就成了跳剑或飞剑，据说最高纪录是抛接七把剑。刘言史在《观绳妓》中说道：“两边丸剑渐相迎，侧身交步何轻盈。闪然欲落却收得，万人肉上寒毛生。”可见这种杂技多是跟绳技搭配在一起表演的。

四、相扑

就是角抵，是一种以摔跤、拳斗为主的角力运动。《旧唐书·敬宗本纪》引《续文献通考·百戏散乐》云：“角力戏，壮力裸袒相搏而角胜负。每群戏毕，左右军擂大鼓而引之。”从唐代流传下来的绘画作品中可以看到，表演相扑的人均是赤足裸身，头戴幞头，仅将裆部遮住，与现在日本的相扑打扮非常相像。其实相扑正是唐朝时期传入日本的，并很好地保留了唐代遗风。因为这是一种力量型的较量，所以在军中特别盛行。唐朝的左、右神策军经常举行角抵表演，皇帝们也经常前往观看。这时候的相扑除了摔跤角力之外，还加入了拳斗，周缄《角抵赋》称：“前冲后敌，无非有力之人；左攫右挐，尽是用拳之手。”可为例证。

五、马伎

也叫马戏，是指人骑在马上所做的各种表演。李濯《内人马伎赋》云：“翘趾金鞍之上，电去而都闲；委身玉镫之旁，风惊而诡谲。”就是在描写宫廷马伎艺人在马上做各种高难度动作的表演。这时候的马伎表演还能在马上射箭、骑马跨越障碍、奔马击钱、飞骑书字等等。

六、吞刀吐火

这是唐朝时期标志性的幻术表演节目之一，《旧唐书》中提到的“吞剑伎”就属于这种表演。“吞刀之术斯妙，吐火之能又玄。咽却锋铓，不患乎洞胸达腋；嘘成赩赫，俄惊其飞焰浮烟。”这是王棨在《吞刀吐火赋》中描写的天竺艺人表演吞刀吐火的情形，由于这种幻术受外来文化影响强烈，以至于在当时人们的心目中仍然保持着较强的外来色彩。

《双骑图》 唐·韦偃

七、鱼龙曼延

亦作鱼龙漫衍，应该算是中国最早的大型魔术了。表演时艺人们要手持彩扎的动物模型道具，以变为主，有幻化的情节。这是唐代宫廷大型庆典活动的必备节目，如春日酺宴时，“备太常诸乐，设鱼龙曼延之戏，连三日，抵暮方罢”。

除了以上列举的这些，唐代百戏还有刺肚割舌之类带有自残性质的幻术表演、高级催眠术表演、空手变钱等手彩、猴戏和禽戏等马戏类表演等等等等。当时，在长安城的东、西两市中都有专门的百戏班子，他们除了自主演出之外，还可以让人花钱雇演，唐玄宗就曾经“召两市杂戏以娱贵妃”。

怎么样，眼睛不够使了吧？别着急，您既然来了唐朝，自然有大把的时间把这些表演一一看个明白，至于收不收门票嘛……那就得靠您自己打听去了！

唐

蹴鞠、拔河、斗草——这些游戏你可玩得转

要想玩转上面那些杂技、幻术、驯兽表演什么的，非得术业有专攻不可，估计一般人玩不了。好不容易来了唐朝，只是看着别人耍得不亦乐乎，自己只有干瞪眼的份儿，免不了心痒难搔。有没有什么大众一点的娱乐项目，可以让术业无专攻的人也过把瘾啊？放心，在唐朝，这个当然可以有，而且有一些游戏项目经过千年流传，直到现在还普及于世，就算您初来乍到，也很容易就能上手。

前文提到在寒食节期间有蹴鞠、拔河、荡秋千、斗鸡等活动，都属于唐朝时期流行的大众娱乐项目。

要特别指出的是，蹴鞠，也就是足球运动在这一时期有了长足的发展，除了出现了内里充气的皮革球之外，还设立了球门。《文献通考》中说："蹴球盖始于唐，植两修竹，高数丈，络网于上，为门以度球；球工分左右朋，以角胜负，岂非时鞠之变欤？"相应的，踢法也变得多种多样。

双球门踢法：与现在的足球踢法类似，两队各有球门，左右对攻。唐人仲无颇的《气毬赋》中有云："广场春霁，寒食景妍，交争竞逐，驰突喧阗。或略地以走丸，乍凌空以月圆。"可以看出当时对抗双方情绪高涨、对抗激烈、节奏迅捷，对于地面盘带技术和高空传球都掌握得十分熟练。

单球门踢法：场地中间设球门，双方各居一侧，以射门数多者胜。有点像今天的排球，只不过是要用脚踢的。

《宫中图——蹴鞠》　明·杜堇

无球门踢法：不设球门，采取二人或几人对踢的方式，可以用足、膝、肩、背等身体的不同部位触球，有点像踢毽子。这种踢法非常适合女子为之，因此深受女性球友的喜爱，被称为"白打"。

唐代不但有女子足球，有些美眉的球技还很高超。《剧谈录》中有这样一个故事：京兆府的小官吏王超有一天经过长安城胜业坊北街，"时春雨初霁，有一三鬟女子，年可十六八，衣装褴褛，穿木屐于道侧槐树下。值军中少年蹴鞠，接而送之，直高数丈，于是观者渐众"。不但可以穿着木屐接住少年们的球，还一踢数丈高，美眉的脚力果然不一般！

马球也是唐朝时期非常盛行的一种游戏。在唐章怀太子李贤墓中发现的打马球壁画，将唐代马球运动表现得淋漓尽致。画中参与游戏者有二十余人，皆着各色窄袖袍，足蹬黑靴，头戴幞头，他们手执偃月形球杖，骑在奔跑的骏马上，做出驰骋竞技的各种不同姿态。画面构图疏密有致、动静相宜，可以感受到马球运动强烈的节奏感、韵律感。

《马球图》 明·佚名

马球到唐代成为宫廷所崇尚的运动，宫廷贵族以此为乐。此画即是描绘了这种热烈的场面

据记载，唐朝的多个皇帝都是马球运动的爱好者，唐玄宗甚至专门颁诏，将马球作为军队的训练科目之一。据《唐语林》所载，唐宣宗不但爱好马球，还是个中好手："宣宗孤矢击鞠，皆尽其妙。所御马，衔勒之外，不加雕饰。""而马驰不止，迅若流电"，"二军老手，皆服其能"。当时，长安宫城、诸王和达官贵人们的私人宅邸以及各州衙署，都设置了专门用于打马球的球场。

但是，如果您认为马球是一项贵族运动那可就大错特错了。李廓《长安少年行》诗云："追逐轻薄郎，闲游不着绯。长拢出猎马，数换打球衣。"可见市井少年也都以打马球为赏心乐事。更有甚者，文人和女子也参与到这项运动中来，只不过为了将风险减小，女子多是骑驴打球。《旧唐书·郭英义传》记载，剑南节度使郭英义肆行不轨，无所忌惮："聚女人骑驴击球，制钿驴鞍及诸服用，皆侈靡装饰，日费数万，以为笑乐。"

其他几项游戏如拔河、荡秋千、斗鸡等因在前文有过介绍，在此不再赘述。

说来说去，总还是一些动态游戏，需要体力、需要流汗的。有没有静态一些、淑女一些、文静一些的项目呢？

当然没问题！

所谓“琴棋书画”，会下围棋不仅仅是反映一个人高雅修养的指标，还是一种很好的休闲娱乐项目。唐时弈棋之风炽烈，朝廷特别在翰林院设“棋待诏”一职，招揽国内外围棋高手。能当上这一职位的可都是经过严格考核、层层选拔的专业人才，可以称得上是“国手”。棋待诏不但要陪侍皇帝下棋，还要著书立说；参加公开的棋会和比赛；参加外交活动，与外国使节切磋技艺。当时著名的棋待诏有王叔文、王积薪、顾师言、滑能等。

围棋也是一项不拘于阶层、不拘于男女老幼的游戏，新疆吐鲁番阿斯塔那唐墓中出土的《仕女弈棋图》绢画，就是当时贵族妇女下围棋的场景再现。张籍有《美人宫棋》一诗：“红烛台前出翠娥，海沙铺局巧相和。趁行移手巡收尽，数数看谁得最多。”生动地描绘了唐朝宫女下围棋的情景。

《重屏会棋图》　南唐·周文矩

摴蒱或樗蒲，也叫五木之戏，是一种掷彩行棋的博戏，类似于现在的飞行棋。所用的掷具也就是骰子共有五枚，两端尖锐，中部广平，两边分别涂以黑色和白色，黑面中有两枚刻有牛犊，白面中有两枚刻有野鸡。掷骰时五木齐掷，以各骰子朝上一面的色样计彩，然后根据彩数行棋。因为玩法简单，摴蒱在社会各阶层广泛流传。岑参《玉门关盖将军歌》诗云："野草绣窠紫罗襦，红牙缕马对樗蒲。玉盘纤手撒作卢，众中夸到不曾输。"

斗百草，又称斗花、斗草，是属于妇女和儿童的游戏。有两种比试方法，一种是"武斗"，一种是"文斗"。"武斗"是比试草茎的韧性，以草茎相交绞，双方各持己端向后拉，谁的草断了，谁就输了，是不是很像小时候玩的"拔老根"啊？"文斗"即各人把自己收集的花草都拿出来，一人报出一种花名，另一人接着种类拿出花草并对答花草名称，结果可想而知，谁收集的花草多、种类齐全，谁就能笑到最后。当时还发展出一种新斗法，"长安士女，春时斗花，戴插以奇花，多者为胜。皆用千金市名花，植于庭院中，以备春时之斗。"（《开元天宝遗事》）当然了，这种斗法也只有上流社会和豪门富户们可以玩得起啦。

有时候，斗百草也是以钱或物作为赌注、彩头的。如李白的《清平乐》有云："禁庭春昼，莺羽披新绣。百草巧求花下斗，只赌珠玑满斗。"又如郑谷的《采桑》："晓陌携笼去，桑林路隔淮。何如斗百草，赌取凤皇钗。"

OK，说了这么多的游戏种类和玩法，有静有动、有文有武、有难有易，总有一款适合您！发挥您21世纪现代人的矫健身手和聪明智慧，一样样地玩起来吧！

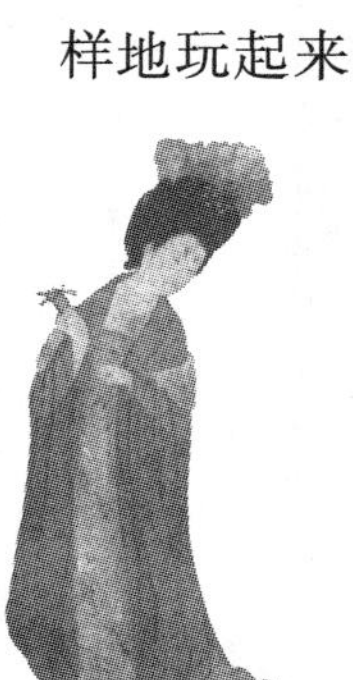

【民俗】

“国内历朝历代法定节假日最多榜”No.1

唐朝公众假期一览——史上最多的节假日

如果您在唐朝做公务员，那可是一件可喜可贺的事，撇开工资、福利什么的不说，仅是节假日一项，就高居“国内历朝历代法定节假日最多”榜的榜首，全年正式的节日总和多达47天之久！当然啦，这还不包括旬假、田假、婚丧假、授衣假、节气假等名目繁多的假期，以及遇到国家最高领导人——皇帝哪天突然心情大好或者喜得贵子这种天大喜事时的临时性假期。动辄一个节日，三不五时来个小长假，几乎每个月都过节，每个节日都有一套相应的过法和说辞，甚至有与之对应的节日食品——这就是唐朝的公众假期。不知道您在21世纪是如何安排自己的节假日生活的呢？鉴于各位刚穿越不久，特奉上唐朝假日攻略一套，赶紧去玩转史上最多的节假日吧！注意，以下所列时间均为农历。

唐

元日

别称：元正、元朔、岁日、正旦等。

时间：正月初一，一般与除夕连在一起，放假七天。

习俗：朝廷要举行朝会庆典，庆祝新年。“每岁正旦，晓漏已前，宰相、三司使、大金吾，皆以桦烛百炬拥马，方布象城，谓之火城。甲赋中有火城赋。仍杂以衣绣鸣珂，焜耀街陌。如逢宰相，即诸司火城悉皆扑灭。或其年无仗，即中书门下率文武百僚诣东上阁门横行拜表称庆，内臣宣答。礼部员外郎受诸道贺表，取一通官最高者，拆表展于坐案上，跪读讫，阁门使引表按入内，却出宣云。所进贺表，如有太后，即宰相率两班赴西内称贺。”（《南部新书》）自然又是一番三跪九叩、歌功颂德的繁琐仪式。民间可就有意思多了，穿新衣、设家宴、立竿悬幡、一家团圆。这里的“立竿悬幡”是指在自家宅院里立竹竿、悬幡子，是在新年里祈求长命百岁的一种风俗。元日期间不但要设家宴庆祝，还要相邀邻里一同饮宴，“长安市里风俗，每岁元旦以后，递作饮食相邀，号为传座”（唐临《冥报记》卷下）。

节日食品：五辛盘、屠苏酒、元阳脔等。

上元节

时间：正月十五。

来源：道家三元节（正月十五上元，七月十五中元，十月十五下元）之一。

习俗：因为是宗教性的节日，一般在道观中要举行一些宗教活动，并进行斋戒。唐玄宗曾下诏曰：“道家三元，诚有科戒。……自今以后，及天下诸州，每年正月、七月、十月三元日，十三日至十五日，并官禁屠宰。”

（《唐会要·杂记》）有意思的是，佛教对这一节日也很重视，据日本僧人圆仁记载，扬州上元节时“寺里燃灯，供养佛，兼奠祭祖师影”。在民间，赏灯自然是这一节日最具代表性的娱乐项目。唐朝是施行宵禁制度的，但为了赏灯，政府特别取消了正月十五前后的宵禁，天宝三载十一月，唐玄宗下敕曰："每载依旧正月十四、十五、十六日开坊市燃灯，永为常式。"不但可以玩通宵，还可以一连玩三个通宵！观灯的人们自然是倾城而出、前呼后拥、人声鼎沸，正是"新正月圆夜，尤重看灯时"。观灯的地点也不仅局限于街头巷尾，而是成群结队地到城郊寺院中赏灯游玩，连深闺中的女子也可以彻夜狂欢。据《雍洛灵异小录》记载："唐正月十五日夜，灯明如昼，士女无不夜游，车马塞路。"卢照邻有《十五夜观灯》一诗："锦里开芳宴，兰红艳早年。缛彩遥分地，繁光远缀天。接汉疑星落，依楼似月悬。别有千金笑，来映九枝前。"

节日食品：油锤（焦锤），类似于今天的炸元宵；玉梁糕等。

中和节

时间：二月初一。

来源：唐德宗贞元五年诏："自今宜以二月一日为中和节，以代正月晦日，备三令节数，内外有司，给假一日。"可见中和节是代替了原来的正月晦日而设置的节日。

习俗：送穷，也就是祭送穷神。据称穷神喜好穿破衣、喝粥，因为是死于正月的最后一天，人们便在这天熬粥、扔破衣服，结柳为车，缚草为船，焚于巷口，以祝送穷神永不回来。韩愈写过一篇《送穷文》，其中说道："（主人）三揖穷鬼而告之曰：'闻子行有日矣，我有资送之恩，子等有意于行乎？'"诗人姚合有《晦日送穷三首》，开篇即道："年年到此日，沥酒拜街中。万户千门看，无人不送穷。"同时，这一天还是春游饮宴的日子。唐德宗贞元四年九月诏："今方隅无事、烝庶小康，其正月晦日、三月三日、九月九日三节日，宜任文武官僚选胜地追赏为乐。"（《旧唐书·德宗纪下》）解琬的"欢娱屡晦节，酩酊来还家"、岑参的"春池满复宽，晦节耐邀欢"、张说的"堂邑山林美，朝恩晦日游"……都是描写春游、泛舟、聚欢的场景。另外，在德宗朝，为了表示提倡农桑、祈祷丰收，朝廷还要求“中和节日令百官进农书，司农献穜稑之种”。如贞元六年中和节，“百僚进《兆人本业》三卷，司农献黍粟各一斗”。

降圣节

时间：二月十五。

来源：为纪念道教始祖老子诞辰而设置的节日。李唐皇室以老子为始祖，道教更是唐朝的国教，受到尊崇，特设降圣节。

习俗：不详。

上巳节

别称：元巳节、修禊节等。

时间：三月初三。

习俗：还记得前文说过的赐宴曲江亭吗？就是在上巳节进行的。可见赐宴游春是这个节日的必备节目之一。穆宗长庆三年规定：“每年上巳、重阳日，如有百官宴会，每节赐钱五百十贯文，令度支支给。”（《唐要会》）政府专门拨款，让百官正大光明地利用公款吃喝玩乐兼踏青郊游。杜甫《丽人行》曰：“三月三日天气新，长安水边多丽人。”就是对当时曲江风景区游览盛况的描写。除了聚宴赏春，修禊也是一个重要活动。修禊也叫祓禊，源自古代的“除恶之祭”，人们成群结队地来到水边，以春水自洁、洗涤污垢，以除病去疾、驱邪避怪。王维《三月三日曲江侍宴应制》诗云：“万乘亲斋祭，千官喜豫游。奉迎从上苑，祓禊向中流。”沈佺期有《上巳日祓禊渭滨应制》：“宝马香车清渭滨，红桃碧柳禊堂春。皇情尚忆垂竿佐，天祚先呈捧剑人。”

佛诞节

时间：四月初八。

来源：纪念佛祖释迦牟尼诞生的日子。

习俗：迎佛骨。据称扶风县法门寺佛塔中藏有佛骨舍利一枚，塔门每三十年一开，可以取出佛骨供人瞻仰供奉。唐宪宗和唐懿宗都曾经举行过规模浩大的迎佛骨活动，而佛骨进入长安的日子被特别安排在四月八日。据《杜阳杂编》和《剧谈录》记载："四月八日佛骨入长安，自开远门安福楼，夹道佛声震地，士女瞻礼，僧徒道从。上（唐懿宗）御安福门，亲自顶礼，泣下沾臆。幡花幢盖之属，罗列二十余里。"其规模隆重壮观可见一斑。

备注：敦煌地区以二月八日为佛诞节，要举行浴佛、行像等活动。

端午节

别称：端阳节、重五节等。

时间：五月初五。

来源：这个就不用多说了吧，大家都明白。

习俗：龙舟竞渡应该是最具代表性的节目了。唐朝时期这一节目主要集中在南方水乡，像是扬州每年都要举行这一活动。"端午日，盛为竞渡之戏，诸州征伎乐，两县争胜负。彩楼看棚，照耀江水，数十年未之有也。凡扬州之客，无贤不肖尽得预焉。"（《太平广记·王播》）水上数舟齐发、水浪翻腾；岸上人声鼎沸、齐声呐喊，场面精彩热烈至极。系百索子、佩香囊也是端午节的习俗。百索子又叫长命缕、续命缕、五色缕、朱索等，据说"以五彩丝系臂，名曰辟兵，令人不病瘟"（《荆楚岁时记》）。所以人们多将五彩丝线系于手臂或脖子上，并相互赠送。民间还会给小孩子佩戴装有朱砂、雄黄等的香囊，据说也有避邪驱瘟之效，再以五色丝线结扣成索，做成不同形状，煞是可爱。

节日食品：粽子、艾酒、术羹等。

乞巧节

时间：七月初七。

《唐宫七夕乞巧图》　宋·佚名

唐风犹存，是北宋前期的摹本或改画本，全景俯瞰角度，建筑庭院重重尽现，仍有敦煌唐代壁画的空间感

来源：牛郎织女鹊桥相会。

习俗：妇女乞巧。《开元天宝遗事》载："陈瓜果酒饭，以祀牛女二星。"七夕之夜，人们摆设瓜果酒馔，对天乞祈，妇女们穿针引线，希望能有一双像织女那样的巧手。林杰《乞巧》诗云："七夕今宵看碧霄，牵手织女渡河桥。家家乞巧望秋月，穿尽红丝几万条。"权德舆《七夕》诗云："今日云軿渡鹊桥，应非脉脉与迢迢。家人竞喜开妆镜，月下穿针拜九霄。"

节日食品：明星酒、同心脍等。

盂兰盆节

时间：七月十五。

来源：佛教节日之一。

习俗：宫廷举办盆斋法会活动。唐高宗时，“国家大寺，如似长安西明、慈恩等寺……（皇室）每年送盆献供种种杂物，及举盆音乐人等，并有送盆官人，来者非一”（《法苑珠林校注》）；武则天时，盆斋法会已经形成一套完整的礼仪，她于如意元年在洛阳南门举行盆斋的全过程，真实再现了皇家盆斋的恢弘景象。这一天还是道教的中元节，道教认为，七月十五地官下降，以定人间善恶，是赦免亡魂罪恶的节日。同时，这一天还是民间信奉的鬼节，因此多有酬神祭拜等活动。从三节合一这一点来看，充分反映出唐朝各种信仰文化、节日风俗相互融合的特点。

中秋节

时间：八月十五。

习俗：赏月。中秋节寒暑适中、气候宜人，无疑是赏月的最佳时机。据说唐人诗歌中，仅赏月诗就有九十多首，可见文人雅士对于赏月、玩月之热衷。白居易道：“人道秋中明月好，欲邀同赏意如何。”皎然道：“夜月家家望，亭亭爱此楼。纤云溪上断，疏柳影中秋。”李朴曰：“皓魄当空宝镜升，云间仙籁寂无声。平分秋色一轮满，长伴云衢千里明。”刘禹锡云：“天将今夜月，一遍洗寰瀛。暑退九霄净，秋澄万景清。”赏月之时，再配以酒宴、管弦，真可谓情趣盎然、格调清雅，太对文人士大夫们的胃口了！

节日食品：玩月羹。

小贴士：各位注意啦，这个时候可没有月饼哦！！

唐

重阳节

别称：菊花节、茱萸节等。

时间：九月初九。

习俗：登高、赏菊、插茱萸。王维一首流传千载的《九月九日忆山东兄弟》不仅道出了自己的落寞心情，也点明了重阳节时的习俗。诗云："独在异乡为异客，每逢佳节倍思亲。遥知兄弟登高处，遍插茱萸少一人。"登高、插茱萸正是当时的两大节日特色。登高以登山为主，兼有登台、登楼、登塔等，刘长卿就有《九月登高李明府北楼》："九月登高望，苍苍远树低。人烟湖草里，山翠县楼西。"据说茱萸可以辟邪去灾、避恶御寒，所以茱萸也就成了重阳节特有的避邪物品。另外，簪菊也是一个流传已久的习俗。深秋时节，菊花独放，真可谓"满城尽带黄金甲"，杜牧《九日齐山登高》诗云："江涵秋影雁初飞，与客携壶上翠微。尘世难逢开口笑，菊花须插满头归。"

节日食品：菊花酒、重阳糕、迎凉脯、羊肝饼等。

除夕

时间：岁末最后一天。

习俗：唐朝非常重视除旧迎新，所以对于除夕守岁也很看重，从朝廷到民间，除夕夜均是烛盏高燃，通宵达旦，阖家老小，相聚守岁。宫廷和贵富之家自然是歌舞升平、喜宴达旦，一般人家也要一家团聚、尽享天伦。唐太宗李世民有《守岁》诗曰："暮景斜芳殿，年华丽绮宫。寒辞去冬雪，暖带入春风。阶馥舒梅素，盘花卷烛红。共欢新故岁，迎送一宵中。"杜审言是杜甫的爷爷，也是一位大才子，也写过一首《守岁》诗："季冬除夜接新年，帝子王孙捧御宴。宫阙星河低拂树，殿廷灯烛上薰天。弹弦奏节梅风入，对局探钩柏酒传。欲向正元歌万寿，暂留欢赏寄春前。"俨然一幅宫廷宴乐图，帝王子孙，尽情欢歌。另外，驱傩仪式仍然是这一时期的保留活动，是为了除恶鬼、送瘟神，很像是一场大型的假面表演。王建《宫

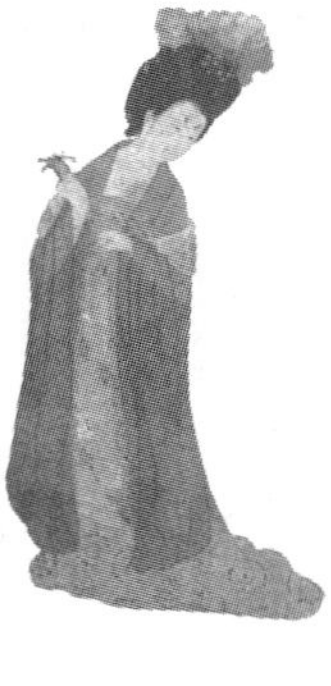

词》有云："金吾除夜进傩名，画裤朱衣四队行。院院烧灯如白昼，沉香火底坐吹笙。"生动地描写了驱傩仪式的场面。放爆竹、挂桃符以辟邪也是除夕的必备事宜。

各位看官请注意啦，以上所列时间可都是农历日期哦，大家来到唐朝可千万不要拿着公历对号入座，那可是会闹笑话滴。因为前文已经对诞节、清明和寒食有了介绍，这里就省略若干字啦。当然喽，这些可不是唐朝的所有假期，像《假宁令》中就有规定："诸内外官五月给田假，九月给授衣假，为两番，各十五日。""每至旬假，许不视事"，也就是每十天一至的旬假是可以不办公的。类似的放假名目还有很多，这么看来，唐人的假期多，假期生活也一定是丰富多彩了，如果有个"幸福指数排行榜"的话，唐人一定也是名列前茅的吧！